HACK DE DESARROLLO DE NEGOCIOS Y CRECIMIENTO PARA PEQUEÑAS EMPRESAS Y START-UPS

Sangati Jagan Mohan Reddy

A todos los emprendedores de Start-up y propietarios de pequeñas empresas,

Este libro está dedicado a ti. Tienes el coraje y la determinación de tomar riesgos y crear algo de la nada. Su arduo trabajo y dedicación a sus negocios son una inspiración para todos nosotros. Que este libro te ayude a desarrollar tu negocio y alcanzar tus metas.

Sinceramente

Sangati Jagan Mohan Reddy

Perseverancia

Determinación

Prefacio

Prefacio

Agradecimientos

Prólogo

12. Utilice la tecnología para aumentar la eficiencia

13. Desarrollar una estrategia de servicio al cliente

14. Crear una red de socios y proveedores

15. Desarrollar un sistema para el seguimiento del progreso

16. Crear un sistema para gestionar el riesgo

17. Desarrollar un sistema para gestionar las relaciones con los clientes

18. Desarrollar un sistema para gestionar las relaciones con los empleados

19. Crear un sistema para administrar el inventario

20. Gestión de los comentarios de los clientes

21. Desarrollar un sistema para administrar los datos de los clientes

Libere el potencial de su negocio ahora

Perseverancia

YS Jagan Mohn Reddy

YS Jagan Mohan Reddy, Ministro Principal de Andhra Pradesh, es conocido por sus importantes contribuciones al desarrollo empresarial y al ecosistema de inicio de Andhra Pradesh. Ha sido un líder que ha demostrado una gran perseverancia frente a la adversidad y ha trabajado arduamente para garantizar que el desarrollo del estado esté en marcha.

Determinación

Biyyapu Madhu Sudhan Reddy

Biyyapu Madhusudhan Reddy, miembro de la Asamblea Legislativa (MLA) de la circunscripción de SriKalahasti es un firme defensor del desarrollo del ecosistema de inicio y el desarrollo empresarial. Ha trabajado incansablemente para crear un entorno propicio para el crecimiento y eléxito de nuevas empresas y empresas comerciales. También es mentor y asesor de muchas startups, brindando orientación y apoyo para ayudarlas a alcanzar sus objetivos a través de varias iniciativas gubernamentales. Su compromiso de marcar la diferencia en las vidas delos emprendedores es encomiable y su contribución al ecosistema de startups es invaluable. Él es un verdadero ejemplo de determinación y trabajo duro.

Prefacio

Es un placer escribir un prólogo para este libro, que trata sobre el desarrollo empresarial para pequeñas empresasy nuevas empresas. A medida que el mundo de los negocios continúa evolucionando y cambiando, es esencial que los propietarios de pequeñas empresas y los empresarios de nueva creación se mantengan a la vanguardia y se mantengan competitivos. Este libro proporciona información y estrategias invaluables para desarrollar yhacer crecer una pequeña empresa o una nueva empresa.

Este libro está escrito por un consultor de negocios altamente experimentado que tiene conocimientos y experiencia en el campo del desarrollo de negocios es evidente a lo largo del libro. Proporciona consejos prácticos y orientación sobre cómo crear un plan de negocios exitoso, desarrollar una estrategia de marketing sólida y crear una ventaja competitiva. También ofrece información valiosa sobre cómo administrar las finanzas, atraer inversores y construir un negocio sólido.

Este libro es un recurso esencialpara cualquier empresario o propietario de una pequeña empresa o nuevas empresas que buscan llevar su negocio al siguiente nivel. Está lleno de información útil y estrategias que pueden ayudar a los empresarios y propietarios de pequeñas empresas a aprovechar al máximo sus oportunidades comerciales. Recomiendo encarecidamente este libro a cualquiera que busque desarrollar y hacer crecer su negocio.

Este libro está diseñado para ayudar a los propietarios de pequeñas empresas y nuevas empresas a desarrollar sus negocios. Proporciona una visión general completa de los aspectos clave del desarrollo empresarial, desde la creación de un negocio hasta la gestión de su crecimiento y las estrategias de marketing y ventas necesarias para tener éxito.

El libro está escrito en un estilo sencillo y fácil de entender, haciéndolo accesible a lectores de todos los nivelesde experiencia. Se divide en secciones que cubren las diferentes etapas del desarrollo del negocio, desde las etapas iniciales de planificación hasta el crecimiento y expansión del negocio. Cada sección incluye consejos prácticos y consejos sobre cómo aprovechar al máximo lasoportunidades disponibles.

El libro está dirigido a propietarios de pequeñas empresas y nuevas empresas que buscan desarrollar sus negocios. También es adecuado para aquellos que están considerando iniciar un negocio, así como para aquellos que ya están en el proceso deestablecer su negocio.

Este libro es el resultado de años de investigación y experiencia en el campo del desarrollo empresarial. Se basa en el conocimiento y las ideas de propietarios de negocios experimentados, empresarios y expertos en el campo. Espero que este libro proporcione a los lectores la información y la orientación que necesitan para desarrollar sus negocios y lograr el éxito.

Agradecimientos

Me gustaría agradecer a mis socios comerciales y socios por su inestimable orientación y apoyo a travésdel proceso de escritura. Sus conocimientos y experiencia ayudaron a dar forma a este libro en el producto final que es hoy.

También me gustaría agradecer a mi esposa, mis hijos, mi familia, amigos y parientes por su apoyo y aliento inquebrantables. Sin su amory comprensión, este libro no habría sido posible.

También estoy agradecido con los propietarios de pequeñas empresas y nuevas empresas que compartieron sus historias y experiencias conmigo. Su voluntad de abrirse y compartir sus viajes fue invaluable para este libro.

Finalmente, me gustaría agradecer a todos los lectores que se han tomado el tiempo para leer este libro. Espero que te ayude en tu viaje de desarrollo empresarial.

Prólogo

El mundo de los negocios está en constante cambio y evolución, y el éxito de cualquier departamento de negociostermina en su capacidad para mantenerse a la vanguardia. Para las pequeñas empresas y las nuevas empresas, esto puede ser una tarea desalentadora. Con recursos limitados y falta de experiencia, puede ser difícil saber por dónde empezar.

Este libro está diseñado para proporcionar a las pequeñas empresas ynuevas empresas las herramientas y el conocimiento que necesitan para desarrollar su negocio y lograr el éxito. Cubre una amplia gama de temas, desde marketing y finanzas hasta operaciones y servicio al cliente, y proporciona consejos prácticos sobre cómo crear y mantenerun negocio exitoso.

Ya sea que esté comenzando o haya estado en el negocio durante años, este libro le proporcionará las ideas y estrategias que necesita para llevar su negocio al siguiente nivel. Con el conocimiento y la dedicación adecuados, puede crear un negocio próspero que resistirá la prueba del tiempo.

El libro está escrito para empresarios y propietarios de pequeñas empresas que buscan llevar su negocio al siguiente nivel. Está diseñado para ser un recurso integral que se puede utilizar para desarrollar un plan de negocios, identificar oportunidades y crear una hoja de ruta para el éxito.

CAPÍTULO PRIMERO

¿Qué es el desarrollo de negocios?

El desarrollo empresarial es el proceso de hacer crecer un negocio mediante la identificación y capitalización de oportunidades para aumentar las ventas, expandirse a nuevos mercados y desarrollar nuevos productos o servicios. Implica una amplia gama de actividades, como investigación de mercado, planificación estratégica, desarrollo de productos, ventas y marketing, y servicio al cliente. El desarrollo empresarial es una parte importante de cualquier negocio, ya que ayuda a garantizar que la empresa pueda seguir siendo competitiva y rentable a largo plazo.

El desarrollo empresarial es un término amplio que abarca muchas actividades diferentes. Implica el desarrollo de nuevos productos o servicios, la expansión a nuevos mercados o la mejora de los productos o servicios existentes. También implica identificar y capitalizar oportunidades para aumentar las ventas, como a través de asociaciones estratégicas, campañas de marketing o adquisición de nuevos clientes. El desarrollo de negocios es un proceso continuo, ya que las empresas deben evaluar constantemente sus estrategias y ajustarlas para satisfacer las condiciones cambiantes del mercado.

El desarrollo de negocios a menudo se ve como un proceso estratégico, ya que implica latoma de decisiones sobre el futuro de la empresa. Requiere una comprensión profunda de las fortalezas y debilidades de la empresa, así como una comprensión del panorama competitivo. Las empresas también deben tener una visión clara de hacia dónde quieren ir ycómo planean llegar allí.

El desarrollo empresarial es también un proceso de innovación. Las empresas deben buscar constantemente nuevas formas de mejorar sus productos o servicios, o de desarrollar otros nuevos. Esto requiere una comprensión profunda de las necesidades del cliente y la capacidad dedesarrollar soluciones creativas para satisfacer esas necesidades.

El desarrollo de negocios es un proceso complejo que requiere una gran cantidad de planificación y ejecución. Las empresas deben estar dispuestas a invertir tiempo y recursos en el proceso para garantizar el éxito. También es importante contar con un equipo de profesionales experimentados que nos ayuden a guiar la empresa

CAPÍTULO SEGUNDO

Establecer una misión y visión claras

Establecer una misión y visión claras para el desarrollo empresarial es esencial para cualquier negocio. Una declaración de misión y visión proporciona una hoja de ruta para el futuro del negocio, describiendo las metas y objetivos que deben alcanzarse para tener éxito. También proporcionan un sentido de propósito y dirección para los empleados, clientes, ypartes interesadas.

- El primer paso para establecer una misión y visión claras para el desarrollo del negocio es definir el propósito de la empresa. Esto debe incluir una declaración de por qué existe la empresa, qué espera lograr y cómo planea hacerlo. Este estadodebe ser conciso y fácil de entender, al tiempo que transmite los valores y creencias fundamentales de la empresa.

- El siguiente paso es identificar las competencias básicas de la empresa. Esto debe incluir las habilidades, el conocimiento y los recursos que la empresa tiene paraofrecer. Esto ayudará a definir la ventaja competitiva de la empresa y también ayudará a guiar el desarrollo de la estrategia de la empresa.

- El tercer paso es establecer metas y objetivos. Estos deben ser específicos, medibles, alcanzables, pertinentes y con plazos determinados. También deben estar alineados con la misión y visión de la empresa. Las metas y objetivos deben revisarse y actualizarse periódicamente para garantizar que sigan siendo pertinentes y alcanzables.

- El cuarto paso es desarrollar una estrategia. Esto debe incluir un plan de acción detallado que describa cómo la empresa logrará sus metas y objetivos. También debe incluir un calendario para la aplicación y un presupuesto para los recursos.

- El quinto paso es comunicar la misión y la visión a todas las partes interesadas. Esto deberíaincluir empleados, clientes, proveedores e inversores. Es importante asegurarse de que todos entiendan la empresa

CAPÍTULO TERCERO

Desarrollar un plan de negocios integral

Un plan de negocios integral es un documento que describe la estrategia y los objetivos de un negocio. Es una hoja de ruta para el futuro del negocio, y sirve como guía para la toma de decisiones. Un plan de negocios integral debe incluir un resumen ejecutivo, un análisis de mercado, un análisis competitivo, un plan financiero y un plan operativo.

El resumen ejecutivo es la primera sección del plan de negocios y debe proporcionar una breve descripción del negocio. Debe incluir la declaración de la misión de la empresa, una descripción de los productos o servicios ofrecidos y el mercado objetivo.

El análisis de mercado debe incluir una evaluación del mercado actual, un análisis de la competencia y una descripción del mercado objetivo. También debe incluir un análisis de las tendencias de la industria y una descripción de la estrategia de marketing.

El **análisis** competitivo debe incluir un análisis de las fortalezas y debilidades de la competencia y una descripción de cómo la empresa planea diferenciarse de la competencia.

El plan financiero debe incluir una descripción de las metas y objetivos financieros de la empresa, una descripción de la estructura de capital y una descripción de las proyecciones financieras.

El plan operativo debe incluir una descripción de las operaciones de la empresa, una descripción del equipo de gestión y una descripción de los procesos operativos.

Un plan de negocios integral también debe incluir un apéndice con documentos de respaldo, como estados financieros, estudios de mercado y encuestas a clientes. El plan de negocios debe revisarse y actualizarse periódicamente para garantizar que esté actualizado y refleje el entorno empresarial actual.

CAPÍTULO CUARTO

Identificar mercados objetivo y clientes

Identificar los mercados objetivo y los clientes en el desarrollo de negocios es un paso importante en el proceso de lanzamiento de un nuevo producto o servicio. Implica investigar las necesidades de los clientes potenciales y comprender el panorama competitivo. El objetivo es identificar los mercados más rentables y viables para su producto o servicio.

- **Realizar estudios** de mercado: El primer paso para identificar los mercados objetivo y los clientes es realizar una investigación de mercado. Esto implica recopilar datos sobre el tamaño y las características del mercado objetivo, el panorama competitivo y las necesidades y preferencias del cliente. Estainvestigación se realizará a través de encuestas, entrevistas, grupos focales y otros métodos.

- **Analizar los datos**: Una vez que se han recopilado los datos, deben analizarse para identificar posibles mercados objetivo y clientes. Esto implica mirar los datos para determinarqué tipos de clientes tienen más probabilidades de estar interesados en el producto o servicio, cuáles son sus necesidades y preferencias, y cómo se ve el panorama competitivo.

- **Desarrollar un perfil**: Una vez que se han analizado los datos, es importante desarrollar un archivo de rendimientodel mercado objetivo y los clientes. Este perfil debe incluir información demográfica, como edad, sexo, nivel de ingresos y ubicación. También debe incluir información psicográfica, como estilo de vida, intereses y valores.

- **Identificar oportunidades**: Una vez que se ha desarrollado el mercado objetivo y el perfil del cliente, es importante identificar oportunidades potenciales para el producto o servicio. Esto implica observar el panorama competitivo para identificar áreas en las que el producto o los servicios están diferenciadosy donde existe potencial de crecimiento.

- **Desarrollar una estrategia**: Una vez que se han identificado las oportunidades, es importante desarrollar una estrategia para llegar al mercado objetivo y a los clientes.

CAPÍTULO QUINTO

Investigue a los competidores y las tendencias de la industria

La investigación de los competidores y las tendencias de la industria es una parte importante del desarrollo empresarial. Ayuda a las empresas a identificar oportunidades, mantenerse por delante de la competencia y desarrollar estrategias para aumentar su cuota de mercado. Al tomarse el tiempo para investigar y analizar a los competidores y las tendencias de la industria, las empresas obtienen una ventaja competitiva y aumentan sus posibilidades de éxito.

- **Identificar competidores**: El primer paso para investigar a los competidores y las tendencias de la industria es identificar quiénes son sus competidores. Esto se hace investigando la industria y buscando empresas que ofrezcan productos o servicios similares. También puede utilizar herramientas en línea e investigación de mercado para averiguar quiénes son sus competidores.

- **Analiza a los competidores**: Una vez que hayas identificado a tus competidores, el siguiente paso es analizar sus estrategias. Mire su sitio web, presencia en las redes sociales y cualquier otro material de marketing que tengan. Esto le dará una idea de su mercado objetivo, estrategia de precios y otros factores que lo ayudarán a desarrollar una estrategia competitiva .

- **Monitorear las tendencias de** la industria: Es importante mantenerse al día sobre las tendencias de la industria. Esto se hace leyendo publicaciones de la industria, asistiendo a ferias comerciales y estableciendo contactos con otros profesionales de la industria. También debe asistir a eventos y conferencias de la industria para mantenerse informado sobre los últimos desarrollos en la industria. Esto le ayudará a identificar nuevas oportunidades y mantenerse por delante de la competencia.

- **Desarrolle estrategias**: Una vez que haya identificado a sus competidores y monitoreado las tendencias de la industria, el siguiente objetivoes desarrollar estrategias para aumentar su participación en el mercado. Esto incluye desarrollar nuevos productos o servicios, expandirse a nuevos mercados o mejorar sus productos y servicios existentes.

- **Analice su propio rendimiento**: Además de investigar sus competidoresy las tendencias de la industria, también debe analizar su propio rendimiento. Esto debe hacerse mirando sus cifras de ventas, comentarios de los clientes y otros puntos de datos. Esto le ayudará a identificar áreas de mejora y oportunidades de crecimiento.

CAPÍTULO SEXTO

Desarrollar una estrategia de marketing

Desarrollar una estrategia de marketing para el desarrollo empresarial es una parte esencial de cualquier negocio exitoso. Una estrategia de marketing es un plan de acción que describe cómo una empresa alcanzará sus metas y objetivos. Es un plan integral que incluye investigación de mercado, desarrollo de productos, precios, promoción, distribución y servicio al cliente.

El primer paso en el desarrollo de una estrategia de marketing es identificar el mercado objetivo. Esto implica investigar el mercado objetivo para comprender sus necesidades, deseos y preferencias. Una vez que se identifica el mercado objetivo, el siguiente paso es desarrollar un producto o servicio que satisfaga las necesidades del mercado objetivo. Esto implica investigar a la competencia y desarrollar un producto o servicio único que diferencie al negocio de sus competidores.

El siguiente paso es determinar la estrategia de precios. Esto implica investigar a la competencia y determinar la mejor estrategia de precios para maximizar las ganancias. La estrategia de precios también debe tener en cuenta el costo de producción y el costo de comercialización.

El siguiente paso es desarrollar una estrategia promocional. Esto implica crear un plan de marketing que describa cómo el negocio llegará a su mercado objetivo. Esto incluye el desarrollo de un sitio web, la creación de campañas publicitarias y la utilización de las redes sociales.

El paso final es desarrollar una estrategia de distribución. Esto implica determinar la mejor manera de llevar el producto o servicio al mercado objetivo. Esto podría incluirla utilización de una red de distribución, ventas directas o una combinación de ambas.

Desarrollar una estrategia de marketing para el desarrollo empresarial es un proceso complejo que requiere investigación, planificación e implementación. Es importante comprender la marca objetivo, desarrollar un producto o servicio único, determinar la mejor estrategia de precios, crear una estrategia promocional y desarrollar una estrategia de distribución. Al seguir estos pasos, las empresas se aseguran de que su estrategia de marketing sea efectiva.

CAPÍTULO SÉPTIMO

Desarrollar una estrategia promocional

Una estrategia promocional es un plan de acción que las empresas utilizan para aumentar el conocimiento de sus productos y servicios, fidelizar a los clientes y generar más ventas. Implica una combinación de tacto de marketingcomo publicidad, relaciones públicas, redes sociales y otras actividades.

El impacto de una estrategia promocional en el desarrollo empresarial de las pequeñas empresas y las nuevas empresas es muy importante para crear reconocimiento de marca, atraer nuevos clientes y aumentarlas ventas. Ayuda a construir relaciones con los clientes existentes y crear una reputación positiva para el negocio para aumentar la visibilidad y llegar a los clientes potenciales, lo que conduce a más ventas. Ayudará a crear una ventaja competitiva en el mercado, así como a diferenciar el negocio de sus competidores.

- **Identifique a su público objetivo**: El primer paso para desarrollar una estrategia promocional es identificar a su público objetivo. Esto significa comprender quiénes son sus clientes, cuáles son sus necesidades y deseos y cómo puede llegar mejor a ellos.

- **Establezca metas y objetivos**: Una vez que haya identificado a su público objetivo, debe establecer metas y objetivos para su estrategia promocional. Esto le ayudará a enfocar sus esfuerzos y asegurarse de que está trabajando haciaun objetivo final claro.

- **Elija los canales correctos**: una vez que haya identificado a su público objetivo y establecido metas y objetivos, debe decidir qué canales utilizará para llegar a ellos. Esto podría incluir redes sociales, correo electrónico, prensa, radio, televisión o unotro medio.

- **Desarrolle su mensaje**: Una vez que haya elegido los canales correctos, debe desarrollar su mensaje. Esto debe adaptarse a su público objetivo y debe comunicar claramente los beneficios de su producto o servicio.

- **Seguimiento** y medición de **resultados**: Debe realizar un seguimiento y medir los resultados de su estrategia promocional. Esto le ayudará a comprender qué funciona y qué no, por lo que debe ajustar su estrategia en consecuencia.

Al seguir estos pasos, desarrollará una estrategia promocional efectiva que lo ayudará a alcanzar sus objetivos comerciales.

CAPÍTULO OCTAVO

Desarrollar una estrategia de distribución

Las estrategias de distribución para el desarrollo de negocios son métodos utilizados para llevar productos y servicios al mercado. Estas estrategias se pueden utilizar para aumentar las ventas, llegar a nuevos clientes y crear conciencia de marca.

- **Distribución directa**: La distribución directa es cuando una empresa vende sus productos directamente a los clientes. Esto se hace a través del propio sitio web de una empresa, tiendas minoristas o a través de sitios web de terceroscomo Amazon.

- **Distribución indirecta**: La distribución indirecta es cuando una empresa utiliza un tercero para distribuir sus productos. Esto podría ser un mayorista, distribuidor o minorista.

- **Distribución** multicanal: La distribución multicanal es cuando una empresa utilizamúltiples canales de distribución para llegar a los clientes. Esto podría incluir una combinación de distribución directa e indirecta , así como canales en línea y fuera de línea.

- **Franquicia:** La franquicia es cuando una empresa permite que otras empresas utilicen su marca y productos. Esta es una forma inteligente de expandir un negocio rápidamente y llegar a nuevos mercados.

- **Licencia:** La licencia es cuando una empresa concede a otra empresa el derecho a utilizar sus productoso servicios. Esto se usa a menudo cuando una empresa quiere expandirse a un nuevo mercado o industria.

Para implementar estas estrategias, las empresas deben identificar sus mercados objetivo y desarrollar un plan para llegar a ellos. Las empresas también deben considerar su presupuesto y recursos al seleccionar una estrategia de distribución. Las empresas deben monitorear sus canales de distribución para asegurarse de que satisfacen las necesidades y expectativas de los clientes.

CAPÍTULO NOVENO

Estrategias de distribución

Venta directa

La venta directa es una forma de comercialización en la que una empresa vende productos directamente a los consumidores, generalmente en sus propios hogares o a través de fiestas, en lugar de a través de una tienda minorista. La venta directa es la mejor manera de aumentar las ventas y hacer crecer un negocio. Permite a las empresas llegar a más clientes potenciales, establecer relaciones con los clientes y aumentar el conocimiento de la marca. También permite a las empresas reducir los costos generales asociados con las tiendas minoristas tradicionales. La venta directa también ayuda a las empresas a aumentar su base de clientes y aatraer clientes leales.

La venta directa es un tipo de modelo de negocio en el que los bienes y servicios se venden directamente a los consumidores fuera de una ubicación minorista fija. Es una forma de negocio que ha existido durante siglos y sigue siendo popular hoy en día. El trabajo directo amenudo se asocia con las ventas puerta a puerta, pero también incluye la venta de productos a través de catálogos, fiestas y en línea.

La venta directa tiene una serie de ventajas para las empresas. Permite a las empresas llegar a un público más amplio, establecer relaciones con los clientes y proporcionar un servicio personalizado. También brinda la oportunidad de probar nuevos productos y servicios sin invertir en una campaña de marketing a gran escala.

El impacto de la venta directa en el crecimiento del negocio es significativo. Ayudará a las empresas a llegar a nuevos clientes, aumentar las ventas y crear lealtad a la marca. También ayuda a las empresas a reducir los costos asociados con los esfuerzos de marketing tradicionales. La venta directa ayuda a las empresas a obtener información valiosa sobre los clientes que se puede utilizar para mejorar los productos y servicios.

La venta directa también ayuda a construir relaciones con los clientes. Al interactuar directamente con los clientes, las empresas pueden obtener valiosos comentarios y conocimientos que se utilizarán para mejorar los productos y servicios. La venta directa ayuda a las empresas a generar confianza con los clientes, lo que puede conducir a un aumento de las ventas y la lealtad del cliente.

Es importante recordar que la venta directa no es una solución única para todos y debe adaptarse a las necesidades del negocio.

Publicidad Online

La publicidad en línea es una forma de marketing que utiliza Internet para entregar mensajes promocionales a clientes potenciales. Incluye una variedad de técnicas, como la optimización de motores de búsqueda (SEO), la publicidad de pago por clic (PPC), la publicidad gráfica y elmarketing de medios sociales. La publicidad en línea se ha convertido en una parte esencial de la estrategia de marketing de cualquier negocio exitoso.

El impacto de la publicidad online en el crecimiento del negocio es innegable. Permite a las empresas llegar a un público mucho más amplio que los métodos tradicionales depublicidad, como la televisión, la radio y la prensa. La publicidad en línea es mucho más rentable que la publicidad tradicional, ya que requiere menos recursos y puede dirigirse a audiencias específicas.

La publicidad en línea ayuda a las empresas a aumentar la conciencia del salvado, generar clientes potenciales y aumentar las ventas. También ayuda a las empresas a construir relaciones con sus clientes y crear lealtad. La publicidad en línea ayuda a las empresas a rastrear y medir el éxito de sus campañas, permitiéndoles tomar decisiones informadassobre sus estrategias de marketing.

La publicidad en línea también tiene el potencial de llegar a una audiencia global. Esto es especialmente beneficioso para las empresas que se dirigen a clientes internacionales. La publicidad en línea se utiliza para dirigirse a grupos demográficos específicos, como edad, sexo, ubicación e intereses. Esto permite a las empresas adaptar sus mensajes a la audiencia correcta y maximizar su retorno de la inversión.

La publicidad en línea es una herramienta invaluable

para las empresas que buscan crecer y tener éxito. Es bastanteefectivo, permite a las empresas llegar a un público más amplio y se puede adaptar a datos demográficos específicos. Ayuda a las empresas a rastrear y medir el éxito de sus campañas, lo que les permite tomar decisiones informadas sobre sus estrategias de marketing.

Marketing en Redes Sociales

El marketing en redes sociales es el proceso de utilizar plataformas de redes sociales para promocionar y comercializar un producto o servicio. Es una herramienta poderosa para que las empresas de todos los tamaños lleguen a su público objetivo, establezcan relaciones y aumenten la conciencia dela marca.

El marketing en redes sociales tiene un impacto significativo en el crecimiento del negocio. Ayuda a las empresas a llegar a un público más amplio, establecer relaciones con clientes potenciales y aumentar el conocimiento de la marca. También ayuda a las empresas a generar clientes potenciales, aumentar el tráfico de bsite y aumentar las ventas.

El marketing en redes sociales ayuda a las empresas a establecer relaciones con su público objetivo. Esto se hace interactuando con los clientes, respondiendo a sus preguntas y comentarios, y proporcionando contenido útil. Esto ayuda a fomentar laconfianza y la lealtad, lo que conduce a un aumento de las ventas.

El marketing en redes sociales también ayuda a las empresas a aumentar su visibilidad. Al publicar regularmente en las redes sociales, las empresas se aseguran de que su contenido sea visto por un público más amplio. Esto ayuda a aumentar el conocimiento de la marca y llegar a clientes potenciales que de otra manera no habrían estado al tanto del negocio.

El marketing en redes sociales tiene un impacto significativo en el crecimiento del negocio. Ayuda a las empresas a llegar a un público más amplio, establecer relaciones con clientes potencialesy aumentar el conocimiento de la marca. También ayuda a las empresas a generar clientes potenciales, aumentar el tráfico del sitio web y aumentar las ventas.

Puntos a considerar para el Social Media Marketing

- **Desarrolle una estrategia de redes sociales**: establezca metas y objetivos, determine las expectativas objetivo ycree un plan de contenido.

- **Identifique los canales de redes sociales correctos**: elija los canales que mejor se adapten a su negocio y público objetivo.

- **Crea contenido atractivo**: publica contenido que sea interesante, relevante y compartible.

- **Supervise las conversaciones**:Examine las conversaciones y responda a los comentarios, preguntas y quejas.

- **Interactúe con personas influyentes**: identifique e interactúe con personas influyentes en su industria para ayudar a difundir su mensaje.

- **Analice datos**: realice un seguimiento y analice los datos para medir el éxito de sus campañas en las redes sociales.

- **Usa elementos** visuales: usa elementos visuales como imágenes, videos e infografías para que tu contenido sea más atractivo.

- **Aproveche la automatización**: automatice ciertas tareas para ahorrar tiempo y recursos.

- **Anúnciate**: utiliza la publicidad en redes sociales para llegar a un público más amplio y atraer más tráfico a tu sitio web.

- **Ofrece incentivos**: ofrece incentivos como descuentos y obsequios para alentar a las personas a seguir e interactuar con tu marca.

- **Promociona el contenido generado por el usuario**: anima a los clientes a compartir sus experiencias con tu marca y promocionar su contenido.

- **Utilice herramientas de** redes sociales: use herramientas de redes sociales para ayudarlo a administrar y medir sus campañas.

- **Manténgase actualizado**: Manténgase al día con las últimas tendencias y cambios en el panorama de las redes sociales.

- **Mide el ROI**: Mide el retorno de la inversión (ROI) de tus campañas en redes sociales.

- **Monitoree** a los competidores: monitoree la actividad de sus competidores en las redes sociales para mantenerse a la vanguardia

Gestión de redes

La creación de redes es un componente crítico del crecimiento empresarial. Implica el desarrollo de relaciones conotras personas y organizaciones con el fin de obtener acceso a recursos, contactos y oportunidades que ayudan a un negocio a crecer. La creación de redes se utiliza para construir relaciones, aumentar la visibilidad y generar clientes potenciales. También se puede utilizar para obtener accesoa nuevos mercados, ampliar la base de clientes y desarrollar asociaciones estratégicas.

El impacto de las redes en el crecimiento del negocio es significativo. Las redes ayudan a las empresas a identificar clientes potenciales, socios y proveedores.

También ayuda a crear una reputación positivay generar confianza. La creación de redes también ayuda a crear oportunidades de colaboración y empresas conjuntas. Al aprovechar las redes de otros, las empresas pueden obtener acceso a nuevos recursos, contactos e ideas que ayudan a su empresa a crecer.

NetworKing también ayuda a construir relaciones con partes interesadas clave, como inversores, clientes y proveedores. Al desarrollar sus relaciones con estas partes interesadas, las empresas obtienen acceso a recursos y contactos valiosos que ayudan a su empresa a crecer. El trabajo ayuda a crear una reputación positiva para el negocio, lo que conduce a más clientes y mayores ventas.

La creación de redes ayuda a crear un sentido de comunidad y colaboración. Al conectarse con otras empresas e individuos, las empresas obtienen accesoa nuevas ideas, recursos y contactos. La creación de redes ayuda a crear un sentido de camaradería y apoyo, lo que ayuda a fomentar la innovación y la creatividad.

Ferias

Una feria comercial es un evento donde las empresas de una industria en particular se reúnen para mostrarsus productos y servicios a compradores potenciales. Las ferias comerciales brindan una oportunidad para que las empresas establezcan contactos, establezcan relaciones y aumenten su visibilidad en el mercado. También permiten a las empresas demostrar sus productos y servicios a un número reducidode compradores potenciales en un solo lugar.

Las ferias comerciales tienen un impacto significativo en el crecimiento del negocio. Proporcionan una oportunidad para que las empresas ganen exposición y construyan relaciones con clientes potenciales. Las ferias comerciales también permiten a las empresas demostrarsus productos y servicios a un gran número de compradores potenciales en un solo lugar. Esto ayuda a aumentar las ventas y generar clientes potenciales.

Las ferias comerciales también brindan una oportunidad para que las empresas se relacionen con otros profesionales de la industria. Esto ayuda a construir relaciones y colaboraciones que conducen a un mayor crecimiento del negocio. Las ferias comerciales proporcionan a las empresas valiosos comentarios de clientes potenciales. Esta retroalimentación se utiliza para mejorar productos y servicios, así como para desarrollar nuevos productos y servicios.

Las ferias comerciales son una forma para que las empresas ganen exposición, construyan relaciones y aumenten su visibilidad en el mercado. También proporcionan a las empresas información valiosa sobre las últimas tendencias y desarrollos en su industria, así como valiosos resultadosde clientes potenciales. Todos estos factores ayudan a impulsar el crecimiento del negocio.

Llamadas en frío

Las llamadas en frío son una técnica de venta directa en la que un vendedor contacta a clientes potenciales por teléfono en un esfuerzo por solicitar ventas. Es una forma demarketing directo y a menudo se utiliza para generar clientes potenciales, construir relaciones y aumentar las ventas. Las llamadas en frío son una tarea difícil y a menudo tediosa, pero es una forma efectiva de llegar a clientes potenciales y generar   ventas.

Las llamadas en frío son una forma efectiva de llegar a clientes potenciales y construir relaciones. Permite a los vendedores presentar sus productos y servicios a un público más amplio y se utiliza para generar clientes potenciales y cerrar ventas. Las llamadas en frío también permiten a los vendedores establecer relaciones con clientes potencialesy generar confianza.

Sin embargo, las llamadas en frío pueden ser un proceso difícil y lento. Requiere que los vendedores tengan una buena comprensión de su producto o servicio y la capacidad de comunicar eficazmente su mensaje. También requiereque los vendedores sean persistentes y tengan la capacidad de manejar el rechazo.

El impacto de las llamadas en frío en el crecimiento del negocio depende de cómo se utilice. Si se usa correctamente, las llamadas en frío son una forma efectiva de llegar a clientes potenciales y generar ventas. Sin embargo, si se usa incorrectamente, es una pérdida de tiempo y recursos.

Marketing por correo electrónico

El marketing por correo electrónico es una herramienta poderosa para que las empresas lleguen a sus clientes objetivo y promocionen sus productos y servicios. Es una forma efectiva de construir relaciones con los clientes, aumentar el conocimiento de la marca e impulsar las ventas. El marketing por correo electrónico ha existido durante décadas, pero se ha vuelto cada vez más popular en los últimos años debido al aumento del marketing digital y la disponibilidad de herramientas poderosas para automatizar y personalizar lasaplicaciones.

El marketing por correo electrónico es una forma rentable de llegar a clientes y prospectos. También está altamente dirigido, lo que permite a las empresas enviar mensajes a las personas adecuadas en el momento adecuado. El marketing por correo electrónico se utiliza para nutrir clientes potenciales, construir relaciones e impulsar las ventas. También se puede utilizar para promocionar nuevos productos, anunciar ofertas especiales y proporcionar servicio al cliente.

El impacto del marketing por correo electrónico en el crecimiento del negocio es significativo. Los estudios han demostrado que el marketing por correo electrónico tiene un mayor retorno de la inversión (RO I) que otros canales de marketing, como la optimización de motores de búsqueda (SEO) y las redes sociales. El marketing por correo electrónico ayuda a las empresas a aumentar sus ingresos al generar más ventas y clientes potenciales. También ayuda a las empresas a establecer relaciones con los clientes, aumentar la conciencia del salvado e impulsar la lealtad del cliente.

El marketing por correo electrónico es una herramienta poderosa para empresas de todos los tamaños. Es una forma efectiva de llegar a los clientes, construir relaciones e impulsar las ventas. Al aprovechar el poder del marketing por correo electrónico, las empresas aumentan sus ingresos y hacen crecer su negocio.

Marketing de afiliación

El marketing de afiliación es un tipo de marketing basado en el rendimiento en el que una empresa recompensa a uno o más afiliados por cada visitante o cliente traído por los propios esfuerzos de marketing del afiliado. Es una variación más importante de lapráctica de pagar los honorarios del buscador para la introducción de nuevos clientes en un negocio.

El marketing de afiliación se ha convertido en una forma popular para que las empresas amplíen su alcance y aumenten sus ventas. Es una forma efectiva de dirigir el tráfico aun sitio web, generar clientes potenciales y aumentar las ventas. También es una forma rentable de aumentar el conocimiento de la marca y construir relaciones con clientes potenciales.

El impacto del marketing de afiliación en el crecimiento del negocio es significativo. Ayuda a las empresas a llegar a nuevos clientes, aumentar sus ventas y establecer relaciones con sus clientes. También ayuda a las empresas a aumentar su visibilidad y llegar a un público más amplio. Ayuda a las empresas a aumentar sus ganancias al reducir sus costos de marketing.

El marketing de afiliación es un vínculo para que las empresas aumenten sus ventas y lleguen a un público más amplio.

Programas de referidos

Un programa de referencia es una estrategia de marketing utilizada por las empresas para alentar a los clientes a referir nuevos clientes a la empresa. Los programas de referenciageneralmente están estructurados para que los clientes reciban una recompensa por recomendar nuevos clientes. Esta recompensa puede ser en forma de descuento, efectivo u otros incentivos.

El impacto de los programas de referencia en el crecimiento del negocio es significativo. Los programas de referencia ayudan a las empresas a aumentar su base de clientes, aumentar las ventas y mejorar la lealtad de los clientes. Los programas de referencia también ayudan a las empresas a establecer relaciones con sus clientes, ya que es más probable que los clientes recomienden un negocio a sus amigos y familiares si han tenido una experiencia positiva con el negocio.

Los programas de referencia también ayudan a las empresas a aumentar su visibilidad, ya que es probable que los clientes que refieren una empresa a sus amigos y familiares compartan sus experiencias en las redes sociales. Esto ayuda a las empresas a llegar a unpúblico más amplio y aumentar el conocimiento de su   marca.

Los programas de referencia ayudan a las empresas a generar confianza con sus clientes, ya que es más probable que los clientes confíen en una empresa que les ha sido recomendada por alguien que conocen. Esta confianza puede conducir a una mayorlealtad del usuario, lo que resulta en un aumento de las ventas y el   crecimiento   del   negocio.

Los programas de referencia tienen un impacto positivo en el crecimiento del negocio. Al ofrecer recompensas a los clientes por recomendar nuevos clientes, las empresas aumentan su base de clientes, aumentan las ventas y mejoran la lealtad de los clientes. Los programas de referencia ayudan a las empresas a aumentar su visibilidad, construir relaciones con sus clientes y generar confianza. Todos estos factores contribuyen a un mayor crecimiento del negocio.

Relaciones públicas

Las relaciones públicas (PR) son la práctica de gestionar la difusión de información entre un individuo o una organización y el público. Es una parte importante de la estrategia de marketing de cualquier empresa, ya que ayuda a crear una imagen pública positiva y a establecer relacionescon las partes interesadas.

El objetivo principal de las relaciones públicas es dar forma y mantener una imagen pública positiva para una empresa o individuo. Esto se hace creando y manteniendo relaciones con los medios de comunicación, así como creando y distribuyendo contenidoque sea favorable para la empresa o individuo. Los profesionales de relaciones públicas también trabajan para construir relaciones con las partes interesadas clave, como clientes, inversores y funcionarios gubernamentales.

Las relaciones públicas tienen un gran impacto en el crecimiento de una empresa. Una imagen positiva ayudaa atraer nuevos clientes, inversores y socios. También ayuda a generar confianza con los clientes existentes y las partes interesadas, lo que puede conducir a un aumento de las ventas y la lealtad. Una buena imagen pública ayuda a proteger a una empresa de la publicidad negativa, que tiene un gran impacto en la reputación de una empresa.

Las relaciones públicas también ayudan a aumentar la visibilidad y el alcance de una empresa. Los profesionales de relaciones públicas ayudan a crear contenido que se comparte en las redes sociales y otras plataformas, lo que ayuda a difundir el conocimiento de losproductos y servicios de una empresa. Los profesionales de relaciones públicas ayudan a crear relaciones con personas influyentes, lo que ayuda a aumentar el alcance y la visibilidad de una empresa.

Las relaciones públicas son una parte importante de la estrategia de marketing de cualquier empresa. Ayuda a crear una imagen pública positiva, construir relaciones con las partes interesadas y aumentar la visibilidad y el alcance de una empresa. Todos estos factores tienen un gran impacto en la

Marketing de contenidos

El marketing de contenidos es un enfoque de marketing estratégico centrado en crear yasignar contenido valioso, relevante y consistente para atraer y retener a una audiencia claramente definida y, en última instancia, para impulsar una acción rentable del cliente.

El marketing de contenidos es utilizado por empresas de todos los tamaños y en todas las industrias para crear conciencia de marca, generar clientes potenciales y aumentar las ventas. Es una forma efectiva de llegar e involucrar a los clientes, así como de crear relaciones significativas con ellos. El marketing de contenidos es una parte importante de la estrategia general de marketing de cualquier empresa. Ayuda a crear una experiencia positiva para el cliente, generar confianza y establecer la credibilidad de una marca. También permite a las empresas llegar a un público más amplio y aumentar su visibilidad.

El marketing de contenidos tiene un impacto positivo en el crecimiento del negocio al ayudar a generar clientes potenciales, aumentar el tráfico del sitio web y aumentar las ventas. También ayuda a generar lealtad y confianza en la marca, lo que conduce a clientes repetidos y un mayor valor de por vida del cliente.

El marketing de contenidos también ayuda a mejorar las clasificaciones de los motores de búsqueda, ya que el contenido que es relevante y de alta calidad ayuda a aumentar la clasificación de un sitio web en los resultados de los motores de búsqueda. Esto conduce a un aumento del tráfico del sitio web y más clientes potenciales.

El marketing de contenidos también ayuda a construir relaciones con los clientes, ya que permite a las empresas proporcionarinformación útil que ayuda a educar e informar a los clientes. Esto ayuda a generar confianza y lealtad, lo que conduce a un aumento de las ventas y la lealtad del cliente.

El marketing de contenidos es una herramienta poderosa para empresas de todos los tamaños y en todas las industrias. Ayuda a mejorar elconocimiento de la marca, generar clientes potenciales y aumentar las ventas. También ayuda a mejorar las clasificaciones de los motores de búsqueda, construir relaciones con los clientes y aumentar la lealtad del cliente.

Marketing de Influencers

El marketing de influencers es un tipo de marketing que se centra en el uso de líderes clave para llevar el mensaje de su marca al mercado más grande. En lugar de comercializar directamente a un gran grupo de consumidores, inspira / influye / contrata personas influyentes para que corran la voz por usted. Los influencers pueden ser cualquier persona, desde celebridades hastapersonas de todos los días con un gran número de seguidores en las redes sociales.

El impacto del marketing influyente en el crecimiento del negocio es significativo. Se ha encontrado que es una de las formas más efectivas de comercialización, con un retorno promedio de la inversión de $ 6.50 por cada dólargastado. Esto se debe a que los influencers tienen la capacidad de llegar a una gran audiencia rápidamente, y su respaldo de un producto o servicio tiene más peso que la publicidad tradicional.

Además, el marketing de influencers ayuda a crear conciencia de marca y confianza. Los influencers tienen la capacidad de crear una conexión personal con sus seguidores, lo que ayuda a generar lealtad y confianza en una marca. Esto condujo a un aumento de las ventas y la retención de clientes.

El marketing de influencers ayuda a las empresas a llegar a nuevas audiencias. Al asociarse con personas influyentes, las empresas pueden acceder a nuevos mercados y datos demográficos que pueden no haber estado expuestos a sus productos o servicios antes. Esto ayuda a las empresas a ampliar su alcance y aumentar su base de clientes.

El marketing de influencers es una herramienta efectiva y poderosa para las empresas que buscan hacer crecer su marca y aumentar sus ventas. Ayuda a generar confianza y lealtad, llegar a nuevas audiencias y generar un alto retorno de la inversión.

Optimización de motores de búsqueda

La optimización de motores de búsqueda (SEO) es el proceso de optimización de un sitio web o página web para aumentar su visibilidad en los resultados de los motores de búsqueda. SEO ayuda a garantizar que un sitio web sea accesible para un motor de búsqueda y mejora las posibilidades de que el sitio web sea encontrado por el motor de búsqueda. SEO es una parte importante de la presencia en línea de cualquier empresa, ya que ayuda a dirigir el tráfico orgánico al sitio web y conduce a un aumento de las ventas y el conocimiento de la marca.

SEO es una estrategia a largo plazo que implica la optimización de un sitio web para palabras clave y frases específicas que son relevantes paralos productos o servicios de la empresa. SEO implica optimizar el contenido, la estructura y el código del sitio web para hacerlo más atractivo para los motores de búsqueda. SEO también implica la construcción de enlaces desde otros sitios web al sitio web, así como la optimización de lapresencia en las redes sociales del sitio web.

El impacto del SEO en el crecimiento del negocio es significativo. SEO ayuda a aumentar el tráfico orgánico a un sitio web, lo que conduce a un aumento de las ventas y el conocimiento de la marca. El SEO también ayuda a mejorar la visibilidad del sitio web en los resultados de los motores de búsqueda, lo que lleva a que más personas encuentren el sitio web y se involucren con el negocio. El SEO también ayuda a mejorar la usabilidad del sitio web, lo que conduce a una mayor satisfacción y lealtad del cliente.

SEO es una parte importante de la presencia en línea de cualquier empresa y tiene un impacto significativo en el crecimiento del negocio. SEO ayuda a aumentar el tráfico orgánico al sitio web, mejorar la visibilidad del sitio web en los resultados de los motores de búsqueda y mejorar la usabilidad del sitio web. Todos estos factores conducen a un aumento de las ventas y la capacidad de la marca, lo que ayuda a impulsar el crecimiento del negocio.

Publicidad móvil

La publicidad móvil es una forma de marketing digital que utiliza dispositivos móviles para llegar a clientes potenciales. Es una forma de publicidad de rápido crecimiento que se utiliza para dirigirse a los clientes de diversasmaneras, incluida la orientación basada en la ubicación, la orientación contextual y la orientación demográfica. La publicidad móvil se utiliza para promocionar productos, servicios y eventos, así como para dirigir el tráfico a los sitios web y aumentar el conocimiento de la marca.

El impacto de la publicidad móvilen el crecimiento empresarial es significativo. Según un estudio, se espera que el gasto en publicidad móvil alcance los $ 257.5 mil millones para 2025, frente a los $ 69.9 mil millones en 2016. Este crecimiento está impulsado por el creciente número de personas que utilizan dispositivos móviles para acceder a Internet, así como el creciente número de personas que utilizan dispositivos móviles para realizar compras.

La publicidad móvil se utiliza para llegar a clientes potenciales de varias maneras. Por ejemplo, la segmentación basada en la ubicación se puede utilizar para dirigirse a clientes en un área geográfica específica. La segmentación contextual se utiliza para dirigirse a los clientes en función de sus intereses o comportamiento. La segmentación demográfica se utiliza para dirigirse a los clientes en función de su edad, sexo u otras características demográficas.

La publicidad móvil seutiliza para aumentar el conocimiento de la marca. Al aprovechar el poder de los dispositivos móviles, las empresas llegan a clientes potenciales de una manera más personal y atractiva. La publicidad móvil también se utiliza para dirigir el tráfico a los sitios web, aumentar las descargas de aplicaciones y generar clientes potenciales.

Además de aumentar el conocimiento de la marca y generar tráfico, la publicidad móvil también se utiliza para aumentar las ventas. Al dirigirse a los clientes con anuncios relevantes, las empresas aumentan sus posibilidades de realizar una venta. La publicidad móvil también se utiliza para aumentar la lealtad delcliente al atraer a los clientes con mensajes y ofertas personalizadas.

Publicidad impresa

La publicidad impresa es una forma de publicidad que utiliza medios impresos físicos, como revistas, periódicos y correo directo, para llegar a un público objetivo. Es una de las formas más antiguas de publicidad, con una larga historia de éxito. La publicidad impresa es una forma efectiva de llegar a una gran audiencia y ayudar a las empresas a crecer y expandir su alcance.

La publicidad impresa se utiliza para dirigirse a un público específico, como un determinado grupo de edad o área geográfica. También se utiliza para llegar a una amplia audiencia, como un mercado nacional o global. La publicidad impresa se utiliza para promocionar un producto o servicio, crear conciencia de marca y aumentar las ventas. También se utiliza para construir relacionescon los clientes, aumentar la lealtad del cliente y crear una imagen de marca positiva.

La publicidad impresa se utiliza de varias maneras para llegar a un público objetivo. Se utiliza para crear campañas de correo directo, colocar anuncios en periódicos y revistas, y distribuir volantes. También se puede utilizar para crear vallas publicitarias, carteles y otras formas de publicidad exterior.

La publicidad impresa es una forma rentable de llegar a una gran audiencia y ayudar a las empresas a crecer y ampliar su alcance.

Publicidad en radio

Lapublicidad es una herramienta poderosa para empresas de todos los tamaños. Es una forma efectiva de llegar a una gran audiencia, y se utiliza para dirigirse a grupos demográficos específicos. La publicidad en radio se utiliza para crear conciencia de marca, aumentar las ventas e impulsar la lealtad del cliente.

La publicidad en radio es una forma rentable de llegar a una gran audiencia. Es relativamente barato en comparación con otras formas de publicidad, como la televisión o la prensa. La publicidad en radio también se puede adaptar a datos demográficos específicos, lo que permite a las empresas dirigir su mensaje a las personas adecuadas.

La publicidad en radio se utiliza para crear conciencia de marca. Se utiliza para presentar un nuevo producto o servicio al público, o para recordar a las personas un producto o servicio existente. La publicidad radiofónica también puede utilizarse paraaumentar las ventas. Se utiliza para promover una venta u oferta especial, o para alentar a las personas a comprar un producto o servicio.

La publicidad en radio también se puede utilizar para impulsar la lealtad del cliente. Al crear un mensaje consistente, las empresas pueden construir una relación con sus clientes. Esto puede llevar a clientes repetidos y mayores ventas.

La publicidad en radio también se puede utilizar para llegar a una amplia variedad de audiencias. Se utiliza para dirigirse a grupos de edad, géneros o áreas geográficas específicos. Esto permite a las empresas adaptar su mensaje a las personas adecuadas.

La publicidad en radio puede tener un impacto positivo en el crecimiento del negocio. Se utiliza para crear conciencia de marca, aumentar las ventas e impulsar la lealtad del cliente. Es una forma rentable de llegar a una gran audiencia, y se puede adaptar adatos demográficos específicos. La publicidad en radio es una herramienta eficaz para empresas de todos los tamaños.

Publicidad televisiva

La publicidad televisiva es una de las formas más poderosas y efectivas de publicidad disponibles para las empresas hoy en día. Tiene el potencial dellegar a una gran audiencia, generar conciencia de marca y aumentar las ventas. La publicidad televisiva se utiliza para dirigirse a audiencias específicas, crear una conexión emocional con los espectadores y generar lealtad a la marca.

El impacto de la publicidad televisiva en el mundo empresariales significativo. Los estudios han demostrado que la publicidad televisiva puede aumentar el conocimiento y el reconocimiento de la marca, crear una conexión emocional con los espectadores y aumentar las ventas. También puede ayudar a construir lealtad a la marca, ya que los espectadores se familiarizan con el brand y sus productos.

La publicidad televisiva también se puede utilizar para dirigirse a audiencias específicas. Las empresas pueden usar datos demográficos para determinar qué espectadores tienen más probabilidades de estar interesados en sus productos o servicios. Esto les permite adaptar su publicidada esos espectadores, lo que aumenta la probabilidad de que respondan al anuncio.

Las empresas pueden usar música, imágenes y narración de historias para crear una respuesta emocional en los espectadores. Esto puede ayudar a crear un vínculo emocional entre el espectador y el salvado, aumentando la probabilidad de que recuerden la marca y compren sus productos o servicios.

La publicidad televisiva se utiliza para construir lealtad a la marca. Las empresas pueden utilizar la publicidad televisiva para crear una relación continua con los espectadores. Esto puede incluir ofrecer descuentos o promociones a los espectadores que vean el anuncio o crear una serie de anuncios que cuenten una historia sobre la marca. Esto puede ayudar a crear un sentido de lealtad entre los espectadores, aumentando la probabilidad de que continúen comprando los productos o servicios de la marca.

En conclusión, la publicidad televisiva puede tener un impacto significativo en el crecimiento del negocio. Se utiliza para dirigirse a audiencias específicas

Puntos a tener en cuenta para la publicidad televisiva.

- **Público objetivo**: identifique el público objetivo para el anuncio de televisión y adapte el mensaje para satisfacer sus necesidades.

- **Presupuesto**: Determine un presupuesto realista para el anuncio de televisión y asegúrese de que se ajuste al presupuesto general de marketing.

- **Tiempo**: elija el mejor momento para transmitir el anuncio para garantizar el máximo alcance e impacto.

- **Creatividad**: Desarrolla un concepto creativo para el anuncio que capte la atención del público objetivo.

- **Guión**: Escribe un guión que transmita el mensaje de forma clara y concisa.

- **Producción**: Contratar a una productora profesional para producirel anuncio.

- **Voz en off**: selecciona un locutor que dará vida al guión.

- **Música**: elige música que mejore el anuncio y cree el ambiente deseado.

- **Elementos** visuales: Seleccione elementos visuales que ayuden a comunicar el mensaje.

- **Ubicación**: Decida dónde se colocará el anuncio en el horario de televisión.

- **Duración**: determina la duración del anuncio y asegúrate de que se ajuste al tiempo asignado.

- **Frecuencia**: Decide con qué frecuencia se debe emitir el anuncio para maximizar su impacto.

- **Seguimiento**: Implemente un sistema de seguimiento paraasegurar el éxito del anuncio.

- **Evaluación**: analiza los resultados del anuncio y realiza los ajustes necesarios.

- **ROI**: Calcula el retorno de la inversión del anuncio para determinar su efectividad.

- **Branding**: Utilice el anuncio para aumentar el conocimiento y el reconocimiento de la marca.

- **Promociones**: utiliza el anuncio para promocionar ofertas especiales y descuentos.

Publicaciones comerciales

Las publicaciones comerciales, también conocidas como revistas comerciales, son revistas o periódicos que se centran en una industria o sector específico, como finanzas, tecnología o atención médica. Proporcionan noticias, análisis y opiniones sobre la industria, así como información sobre nuevos productos y servicios. Las publicaciones comerciales a menudo son utilizadas por las empresas para mantenerse al día sobre las tendencias de la industria y para obtener información sobre sus competidores.

Las publicaciones comercialespueden tener un impacto significativo en el crecimiento empresarial.

Proporcionan a las empresas información valiosa sobre la industria, como las tendencias del mercado, los nuevos productos y servicios, y las tecnologías emergentes. Esta información puede ayudar a las empresas a tomar decisiones informadas sobre sus estrategias y operaciones. Las publicaciones comerciales pueden ayudar a las empresas a identificar socios potenciales, clientes y proveedores.

Las publicaciones comerciales también se pueden utilizar para promocionar los productos y servicios de una empresa. Mediante la publicidad en las publicaciones comerciales, las empresas pueden llegar a su público objetivo y aumentar su visibilidad. Las empresas pueden usar publicaciones comerciales para establecer relaciones con líderes de la industria y personas influyentes. Esto puede ayudar a las empresas a establecer credibilidad y obtener acceso a nuevosmercados.

Las publicaciones comerciales pueden ayudar a las empresas a mantenerse por delante de la competencia. Al leer publicaciones comerciales, las empresas pueden mantenerse al día sobre las tendencias de la industria y obtener información sobre las estrategias de sus competidores. Esto puede ayudar a las empresas a mantenerse un paso por delante de la competencia y posicionarse para el éxito.

Publicidad exterior

La publicidad exterior es una forma de publicidad que utiliza estructuras físicas para promocionar productos, servicios y marcas. Incluye vallas publicitarias, letreros, carteles, pancartas y otras formas de comunicación visual. La publicidad exterior es una de las formas más antiguasde publicidad, y sigue siendo una de las formas más efectivas de llegar a una gran audiencia.

La publicidad exterior tiene el potencial de llegar a un gran número de personas en un corto período de tiempo. A menudo se utiliza para crear conciencia de marca y para impulsar las ventas. También se puede utilizar para crear un sentido de urgencia y para animar a la gente a tomar medidas. La publicidad exterior se puede utilizar para dirigirse a audiencias específicas, como las de una determinada zona geográfica o las que tienen intereses específicos.

La publicidad exterior también es muyefectiva. A menudo es más barato que otras formas de publicidad, como la televisión y la radio. También es más flexible, ya que se puede cambiar rápida y fácilmente.

La publicidad exterior puede tener un impacto positivo en el crecimiento del negocio.

Puntos a considerar fo Publicidad exterior.

- **Ubicación**: Seleccionar la ubicación correcta para la publicidad exterior es fundamental para su éxito. Elija ubicaciones con alto tráfico peatonal y visibilidad.

- Tiempo: El tiempo es clave cuando se trata de publicidad exterior. Considere cuándo es más probable que las personas vean el anuncio y planifique en consecuencia.

- **Diseño**: Asegúrese de que su publicidad exterior sea llamativa y memorable. Use colores brillantes, fuentes audaces y un diseño atractivo.

- **Público objetivo**: Conozca a su público objetivo y adapte su publicidad al aire libre aellos. Considere su edad, sexo, intereses y otra información demográfica.

- **Costo**: La publicidad exterior puede ser costosa, así que asegúrese de tener un presupuesto establecido. Considere su retorno de la inversión al decidir cuánto gastar.

- **Medición**: Realice un seguimiento de sus campañas de publicidad exterior para medir su efectividad. Utiliza métricas como impresiones, clics y conversiones para determinar si tus campañas tienen éxito.

- **Variedad**: Pruebe diferentes tipos de publicidad exterior para llegar a diferentesaudiencias de alquiler. Considere vallas publicitarias, paradas de autobús y otras formas de publicidad exterior.

- **Frecuencia**: Asegúrese de que su publicidad exterior se vea con frecuencia. Considere ejecutar varias campañas en la misma área para aumentar la visibilidad.

- **Consistencia**: Mantenga su publicidad exterior consistente con sus otros esfuerzos de marketing. Usa la misma marca, mensajes y elementos visuales en todas tus campañas.

- **Redes sociales**: Aproveche las redes sociales para aumentar el alcance de su publicidad exterior. Use hashtags, enlaces y otros tactics para llevar a las personas a su sitio web o cuentas de redes sociales.

- **Interactividad**: Haga que su publicidad exterior sea interactiva agregando códigos QR, realidad aumentada u otros elementos interactivos.

Publicidad en el punto de venta

La publicidad en el punto de venta (POS) es un tipo de marketing que se utiliza para promocionar productos y servicios en el punto de venta. Es una forma de publicidad en la tienda que se utiliza para aumentar las ventas y el conocimiento de la marca. La publicidad POS se utiliza para llamar la atención sobre productos y servicios ypara animar a los clientes a comprarlos.

La publicidad POS se puede utilizar de varias maneras,

incluyendo pantallas, carteles, pancartas, letreros y otros materiales. También se puede utilizar en combinación con otras técnicas de marketing, como cupones, discotecasy promociones.

La publicidad POS es una forma efectiva de llegar a los clientes en el punto de compra. Se utiliza para aumentar las ventas recordando a los clientes el producto o servicio, así como para crear conciencia de marca. También se puede utilizar para informar alos clientes de ofertas especiales y promociones.

La publicidad POS puede tener un impacto positivo en el crecimiento del negocio. Puede ayudar a aumentar las ventas y el conocimiento de la marca, así como a crear una impresión positiva del negocio. También puede ayudar a aumentar la lealtad de los clientes, ya que es más probable que los clientes regresen a una tienda si tienen una experiencia positiva.

La publicidad POS puede ser una forma rentable de llegar a los clientes. Se puede utilizar para dirigirse a clientes específicos, como aquellos que probablemente compren un productoo servicio en particular. También se puede utilizar para llegar a un público más amplio, como aquellos que pueden no estar al tanto del producto o servicio.

La publicidad POS se utiliza para crear una impresión positiva del negocio. Se utiliza para mostrar a los clientes que el negocio esprofesional y fiable. También se puede utilizar para crear un sentido de urgencia, ya que es más probable que los clientes compren un producto o servicio si lo desean.

CAPÍTULO DIEZ

Crear el presupuesto y el plan financiero

Crear un presupuesto y un plan financiero para un nuevo negocio es un paso importante en el proceso de iniciar un negocio. Es esencial tener una comprensión clara de los recursos financieros disponibles para el negocio y cómo se utilizarán.

La planificación financiera para un nuevo negocio es un paso importante para garantizar el éxito del negocio. Implica analizar la situación financiera actual, establecer metas financieras y desarrollar estrategias para alcanzar esas metas.

- **Análisis de la situación financiera actual**: Esto implica observar la situación financiera actual del negocio, incluido el flujo de caja, los ingresos, los gastos, los activos, los pasivos y el patrimonio neto. Este análisis le ayudará a identificar cualquier problema potencial y áreas que necesitan mejoras.

- **Establecer metas financieras**: Una vez que tenga una comprensión clara de la situación financiera actual, establezca metas financieras para el negocio. Estos objetivos **deben ser** realistas y alcanzables y deben incluir objetivos a corto y largo plazo con los objetivos financieros que deben cumplirse.

- **Desarrollo de estrategias**: Después de establecermetas financieras, debe desarrollar estrategias para alcanzar esas metas. Esto puede incluir presupuestos, inversiones y gestión de deudas.

- **Monitoreo del progreso**: Una vez que haya establecido sus metas y estrategias financieras, debe monitorear el progreso para asegurarse de que se cumplan las metas. Esto se puede hacer haciendo un seguimiento de los ingresos y gastos y comparándolos con los objetivos.

- **Analizar el mercado**: El siguiente paso es analizar el mercado. ¿Cuál es el tamaño del mercado? ¿Quiénes son los competidores? ¿Cuáles son las tendencias en la industria?

- **Estimar los costos iniciales**: Una vez que se han completado los objetivos y el análisis de mercado, el siguiente paso es estimar los costos iniciales para el negocio. Esto incluye el costo de equipos, suministros, inventario y cualquier otro costo asociado conla puesta en marcha del negocio.

- **Estimar los gastos operativos**: Después de que se hayan estimado los costos iniciales, el siguiente paso es estimar los gastos operativos. Esto incluye el costo de mano de obra, alquiler, servicios públicos, seguros, publicidad y otros gastosasociados con el funcionamiento del negocio.

- **Crear un presupuesto**: Una vez que se han estimado los costos iniciales y los gastos operativos, el siguiente paso es crear un presupuesto. Esto incluye establecer un presupuesto para cada categoría de gastos y crear un cronograma para cuandose incurrirá en los gastos.

- **Crear un plan financiero**: El paso final para crear un presupuesto y un plan financiero para un nuevo negocio es crear un plan financiero. Esto incluye la creación de una proyección de flujo de efectivo, la creación de un sistema para el seguimiento de ingresos y gastos.

La planificación financiera para un nuevo negocio es un paso importante para garantizar el éxito del negocio. Al analizar la situación financiera actual, establecer objetivos financieros, desarrollar estrategias para alcanzar esos objetivos y monitorear el progreso, puede asegurarsede que su negocio está en el camino correcto.

CAPÍTULO ONCE

Obtención de financiación y capital

Asegurar fondos y capital para un nuevo negocio es un proceso crítico y a menudo desafiante. Es importante comprender las diferentes fuentes de financiación disponibles y desarrollar una estrategia integral para obtener el capital necesario.

El primer paso para asegurar la financiación y el capital para un nuevo negocio es evaluar la situación financiera actual. Esto incluye evaluar el flujo de caja actual, la cantidad de deuda y el nivel de capital. Es importante comprender las necesidades financieras de la empresa y desarrollar un plan sobre cómo se utilizará el dinero.

Una vez que se ha evaluado la situación financiera, el siguiente paso es identificar posibles fuentes de financiación y capital. Estas fuentes pueden incluir prestamistas tradicionales como bancos, capitalistas de riesgo, inversionistas ángeles y subvenciones gubernamentales. Es importante investigar las diferentes opciones disponibles y determinar cuáles son las más adecuadas para el negocio.

Una vez que se han identificado las fuentes de

financiación y capital, el siguiente paso es crear un plan financiero. Este plan debe incluir información detallada sobre los costos comerciales, incluidos los costos del producto y los costos de servicio ofrecidos, la disponibilidad del mercado objetivo, el panorama competitivo y las proyecciones financieras. Este plan también debe incluir una descripción detallada del uso propuesto de los fondos y un cronograma para cuándo se utilizarán los fondos.

Una vez que se ha creado el plan financiero, el siguiente paso es presentar el plan a los posibles inversores. Esto puede implicar presentar el plan a bancos, capitalistas de riesgo, inversionistas ángeles o agencias gubernamentales. Es importante estar preparado para responder cualquier pregunta que pueda surgir y proporcionar información detallada sobre el negocio y el uso propuesto de los fondos.

Una vez que se han asegurado la financiación y el capital, es importante desarrollar un plan sobre cómo se utilizará el dinero.

Diversos medios y formas de obtener financiación y capital
Crowdfunding

El crowdfunding es una forma de recaudar dinero para un proyecto o empresa empresarial pidiendo a un gran número de personas que contribuyan con una pequeña cantidad de dinero. Por lo general, se realiza a través de una plataforma en línea. El crowdfunding puede ayudar a las nuevas empresas proporcionándolesacceso a capital al que de otro modo no habrían podido acceder. También les permite probar el mercado para su producto o servicio y medir el nivel de interés en él. Se utiliza para construir una comunidad de partidarios alrededor del negocio, que esinvaluable para el marketing y la promoción.

Inversores Ángeles

Los inversores ángeles son individuos que proporcionan capital a las nuevas empresas a cambio de capital. Por lo general, invierten su propio dinero y generalmente son individuos de alto patrimonio neto. Los inversores ángeles proporcionan elcapital necesario a las nuevas empresas cuando la financiación tradicional no está disponible. También le brindan valiosos consejos y tutoría, ayudándole a desarrollar y hacer crecer sus negocios. Los inversionistas ángeles a menudo tienen un interés personal en el éxito del negocio y pueden proporcionar una guía invaluable para ayudar a que el negocio tenga éxito.

Préstamos bancarios

Los préstamos bancarios son fondos que son prestados por un banco a una empresa o individuo. Por lo general, se utilizan para financiar grandes compras o inversiones, como comprar un nuevo edificio, comprar equipos o expandir un negocio. Los préstamos bancarios generalmente están garantizados por garantías, como los activos de una empresa o una casa personal.

Los préstamos bancarios pueden ser una buena opción para que sus empresas obtengan el capital necesario para comenzar. Al solicitar un préstamo, puede comprar el equipo, los suministros y otros recursos que necesita para poner en marcha su negocio. Los préstamos bancarios se pueden utilizar para financiar la expansión de un negocio existente, lo que le permite crecer y aumentar sus ganancias.

Los préstamos bancarios pueden ayudar a las nuevas empresas al proporcionarles acceso al capital que se utiliza para comprar equipos, contratar empleados y cubrir los gastos operativos. Los préstamos bancarios también pueden brindar a las empresas la oportunidad de construir un historial crediticio, lo cual es beneficioso para el financiamiento futuro. Los bancospueden proporcionar a las empresas la flexibilidad de pagar el préstamo durante un período de tiempo más largo, lo que le permite concentrarse en hacer crecer su negocio.

Capital de riesgo

Los capitalistas de riesgo son inversores que proporcionan capital a empresas de nueva creación y pequeñas empresas quese considera que tienen potencial de crecimiento a largo plazo. Los capitalistas de riesgo pueden ayudar a las nuevas empresas proporcionando capital para ayudarlas a crecer, así como ofreciendo asesoramiento y orientación sobre cómo utilizar mejor los fondos. También pueden ayudar con la creación de redes y presentaciones a socios y clientes potenciales.

Los capitalistas de riesgo son inversores que proporcionan capital a las empresas a cambio de capital. Por lo general, son individuos de alto patrimonio, empresas de inversión o bancos que se especializan en proporcionar capital a empresas en etapa inicial. Los capitalistas de riesgo suelen invertir en empresas que tienen el potencial de crecer rápidamente y generar altos rendimientos.

Los capitalistas de riesgo pueden proporcionar a las nuevas empresas el capital que necesitan para despegar y crecer. También pueden proporcionar valiosos consejos y tutoría a los empresarios, ayudándoles a tomar las decisiones correctas y navegar por las complejidades del mundo de las start-ups. Los capitalistas de riesgo también pueden ayudar a las nuevas empresas a obtener financiación adicional, como la de inversores ángelesu otras empresas de capital de riesgo.

Los capitalistas de riesgo suelen buscar empresas que tengan un equipo de gestión sólido, un plan de negocios claro y un producto o servicio que tenga el potencial de escalar rápidamente. También buscan empresas que tengan el potencialpara generar altos rendimientos de sus inversiones.

Los capitalistas de riesgo pueden ser una gran fuente de financiación y asesoramiento para nuevas empresas. Sin embargo, es importante recordar que los capitalistas de riesgo buscan obtener un retorno de sus inversiones, por lo que debe estar preparado para renunciar a una parte de su empresa a cambio del capital que recibe.

Subvenciones para pequeñas empresas

Las subvenciones para pequeñas empresas son fondos proporcionados por organizaciones gubernamentales o privadas para ayudar a que nuevas empresas comiencen. Estos recursospueden proporcionar capital para cubrir los costos iniciales, comprar equipos, contratar empleados y más. Las subvenciones se pueden utilizar para cubrir una amplia gama de gastos, incluidos los costos de marketing, investigación y desarrollo, y operativos. Las subvenciones también pueden utilizarse para ayudar a las empresas a ampliar o diversificar sus operaciones. Las subvenciones son una oportunidad para que las nuevas empresas obtengan el capital que necesitan para despegar y tener éxito.

Las subvenciones para pequeñas empresas ayudan a las nuevas empresas a despegar. Las subvenciones pueden proporcionar el capital que tanto necesitan para ayudar a los empresarios a lanzar sus negocios y cubrir los costos de comenzar. Las subvenciones también se pueden utilizar para ayudar a las empresas a expandir sus operaciones, comprar nuevos equipos, contratar nuevos empleados y más.

El primer paso para solicitar una subvención para pequeñas empresas es determinar qué subvenciones están disponibles. Hay una variedad de subvenciones disponibles, desde subvenciones centrales y estatales hasta subvenciones privadas de fundaciones y otras organizaciones. Es importante investigar los diferentes tipos de subvenciones disponiblesy determinar cuáles son las más adecuadas para su negocio.

Una vez que haya identificado las subvenciones disponibles, deberá completar una solicitud. El proceso de solicitud puede variar dependiendo de la subvención, pero generalmente requiere un plan detallado de autobuses, estados financieros y otros documentos de respaldo. Es importante ser minucioso y preciso al completar la solicitud para maximizar sus posibilidades de recibir la subvención.

Una vez que se envía la solicitud, el proceso de revisión de la subvención puede tomar varias semanas o meses. Durante este tiempo, la junta de revisión de subvenciones revisará la solicitud y tomará una decisión sobre si otorgar o no la subvención. Si se otorga la subvención, los fondos se distribuirán a la empresa y se utilizarán para elpropósito especificado.

Las subvenciones para pequeñas empresas ayudan a poner en marcha un nuevo negocio. Pueden proporcionar el capital necesario para cubrir los costos iniciales, comprar nuevos equipos, contratar nuevos empleados y más. Es importante investigar los diferentes tipos de subvenciones disponibles y completar una solicitud exhaustiva y precisa para maximizar sus posibilidades de recibir la subvención.

Familiares y amigos

La familia y los amigos son una gran fuente de apoyo para nuevos negocios. Pueden proporcionar apoyo emocional y financiero, así como consejos prácticos y asistencia. Estas son algunas de las formas en que la familia y los amigos pueden ayudar a las nuevas empresas:

- **Apoyo financiero**: La familia y los amigos pueden proporcionar apoyo financiero a nuevos negocios, ya sea a través de inversiones directas o préstamos. Este es un buen apoyo para que el negocio despegue, ya que puede proporcionar el capital necesario para comenzar.

- **Apoyo emocional y moral**: Iniciar un negocio es un proceso estresante y desafiante. Tener familiares y amigos para aprender puede proporcionar el apoyo emocional necesario para superar los tiempos difíciles. La familia y los amigos pueden proporcionar el apoyo necesario para ayudar al propietario del negocio a mantenerse motivado y enfocado en la tarea en cuestión.

- **Consejos** prácticos: La familia y los amigos pueden proporcionar valiosos consejos y orientación sobre cómo iniciar y administrar un negocio. Pueden tener experiencia en la industria o conocer a alguien que lo haga y pueda proporcionar información valiosa sobre el proceso.

- **Redes**: La familia y los amigos pueden ayudar a expandir la red de la empresa presentándolos aclientes potenciales, proveedores y socios. Esto ayudará a que el negocio despegue y aumente su alcance.

- **Promoción**: La familia y los amigos pueden ayudar a promover el negocio difundiendo la palabra al respecto a su propia red. Este esun buen método para hacer que el negocio se note y aumentar su base de clientes.

- **Capital inicial**: La familia y los amigos pueden proporcionar el capital inicial necesario para que un negocio despegue. Esto se hace a través de un préstamo o una inversión a cambio de capital en el país.

- **Tutoría**: La familia y los amigos pueden proporcionar consejos y orientación invaluables para ayudar al propietario del negocio a tomar decisiones informadas.

- **Promoción**: La familia y los amigos pueden ayudar a correr la voz sobre el negocio hablándolo con sus propios contactos y seguidores de las redes sociales.

- **Servicios** gratuitos: Los familiares y amigos pueden ofrecer sus servicios de forma gratuita o a una tarifa con descuento para ayudar a que el negocio comience. Esto podría incluir servicios de contabilidad, legales, de marketing o de diseño web.

- **Crowdfunding**: La familia y los amigos pueden ayudar al propietario del negocio a recaudar dinero a través de plataformas de crowdfunding.

- **Inversionistas ángeles**: La familia y los amigos pueden presentar el negocio a inversionistas ángeles que pueden proporcionar mayores cantidades de capital a cambio de capital en el negocio.

La familia y los amigos pueden ser excelentes fuentes de apoyo para nuevos negocios. Pueden proporcionar apoyo financiero, emocional y práctico, así como ayudar a expandir la red de la empresa y promoverla a sus propias redes.

Tarjetas de crédito comerciales

Las tarjetas de crédito comerciales son un tipo de tarjeta de crédito diseñada específicamente para satisfacer las necesidades de las empresas. Están diseñados para ayudar a las empresas a administrar su flujo de efectivo, realizar compras y realizar un seguimiento de los gastos. Las tarjetas de crédito comerciales ofrecen una variedad de beneficios, que incluyen recompensas, devolución de efectivo y otros incentivos.

Las tarjetas de crédito comerciales pueden ayudar a las empresas de varias maneras. Pueden ayudar a las empresas a administrar su flujo de efectivo al proporcionar acceso a fondos cuando sea necesario. Las empresas pueden usar las tarjetas para hacer compras, pagar servicios y cubrir otrosgastos. Las tarjetas de crédito comerciales también ayudan a las empresas a realizar un seguimiento de los gastos, lo que facilita la administración de las finanzas.

Las tarjetas de crédito comerciales también pueden ayudar a las empresas a construir su crédito. Las empresas pueden usar las tarjetas para establecer un historial de crédito y construir un buen puntaje de credit. Esto es beneficioso a la hora de solicitar préstamos u otras financiaciones.

Las tarjetas de crédito comerciales también pueden proporcionar a las empresas recompensas y reembolsos en efectivo. Muchas tarjetas de crédito comerciales ofrecen programas de recompensas, como puntos o devolución de efectivo, que se utilizan para comprarartículos o servicios. Esto puede ayudar a las empresas a ahorrar dinero y aumentar sus resultados.

Las tarjetas de crédito comerciales también pueden ayudar a las empresas con los costos iniciales. Muchas tarjetas de crédito comerciales ofrecen tasas introductorias bajas y otros incentivos, como la ausencia de tarifas anuales, que pueden ayudar a las empresas a comenzar. Esto puede ayudar a las empresas a ahorrar dinero y reducir sus costos iniciales.

Las tarjetas de crédito comerciales pueden ser una gran herramienta para empresas de todos los tamaños. Pueden ayudar a las empresas a administrar su flujo de caja, realizar compras ygastos de almacenamiento. También pueden ayudar a las empresas a construir su crédito y ahorrar dinero con recompensas y reembolsos en efectivo. Las tarjetas de crédito comerciales generalmente pueden ser buenas para ayudar a las empresas a comenzar y crecer.

Incubadoras de Empresas

Una incubadora de empresas es un programa diseñadopara ayudar a las empresas nuevas y nuevas a desarrollarse mediante la prestación de servicios tales como capacitación en gestión, acceso a financiamiento y espacio de oficina. Las incubadoras de empresas suelen ser patrocinadas por universidades, organizaciones de desarrollo económico o agencias gubernamentales. El objetivo de una incubadora de empresas es ayudar a los empresarios a lanzar y hacer crecer sus negocios, y crear empleos y desarrollo económico en la comunidad local.

Las incubadoras de empresas ofrecen una gama de servicios para ayudar a los empresarios a lanzar y hacer crecer sus empresas. Estos servicios pueden incluir:

- **Capacitación** en administración: Las incubadoras de empresas brindan capacitación sobre temas como planificación comercial, marketing, contabilidad y asuntos legales.

- **Acceso a** financiamiento: Las incubadoras de empresas pueden ayudar a los empresarios a acceder a financiamiento de capitalistas de riesgo, inversionistas ángeles y otras fuentes.

- **Espacio de oficina**: Las incubadoras de empresas proporcionan espacio de oficina para que los empresarios lo usen mientras lanzan y hacen crecer sus negocios.

- **Mentoring**: Las incubadoras de empresas brindan tutoría y asesoramiento de empresarios experimentados y profesionales de negocios.

- **Redes**: Las incubadoras de empresas pueden ayudar a los empresarios a establecer contactos con otros empresarios, inversores y clientes potenciales.

- **Tecnología**: Las incubadoras de empresas pueden proporcionar acceso a la últimatecnología y recursos para ayudar a los empresarios a lanzar y hacer crecer sus negocios.

Las incubadoras de empresas pueden ser un gran recurso para los empresarios que están lanzando y haciendo crecer sus negocios. Proporcionan acceso a recursos, capacitación y tutoríaque pueden ayudar a los empresarios a tener éxito. Las incubadoras de empresas pueden ayudar a crear empleos y desarrollo económico en la comunidad local.

Concursos de Negocios

Las competiciones empresariales son eventos que desafían a los empresarios a desarrollar soluciones innovadoras y creativas a problemas empresariales del mundo real. Las competiciones están diseñadas para alentar a los empresarios a pensar fuera de la caja, proponer nuevas ideas y desarrollar sus habilidades comerciales.

Las competiciones empresariales proporcionan una plataforma para que los empresarios muestren sus habilidades, trabajencon posibles inversores y obtengan valiosos comentarios de los expertos. Las competiciones también brindan una gran oportunidad para que los empresarios obtengan exposición y reconocimiento por sus ideas de negocios.

Las competiciones empresariales pueden ayudar a las nuevas empresas en una variedad de empresas. En primer lugar, proporcionan una plataforma para que los empresarios practiquen sus habilidades y desarrollen sus ideas de negocio. Las competiciones también brindan una gran oportunidad para que los empresarios se relacionen con posibles inversores y obtengan valiosos comentarios de expertos.

Además, los concursos empresariales pueden proporcionar a las nuevas empresas acceso a financiación y recursos. Muchas competiciones ofrecen premios como dinero en efectivo, tutoría y acceso a incubadoras y aceleradoras. Estos recursos son invaluables para las nuevas empresas que buscan despegar elnegocio.

Las competiciones empresariales pueden ayudar a las nuevas empresas a obtener reconocimiento y exposición. Ganar un concurso es muy agradable para hacer notar su negocio y atraer a posibles inversores.

Las competiciones también pueden proporcionar una gran plataforma paraque los emprendedores muestren sus habilidades e ideas a un público más amplio.

Las competiciones empresariales ayudan a las nuevas empresas a ganar exposición, recursos y reconocimiento. Las competiciones pueden brindar a los empresarios la oportunidad de practicar sus habilidades, establecer contactos con posibles inversores y obtener valiosos comentarios de expertos. En última instancia, las competiciones empresariales son excelentes para que las nuevas empresas despeguen su negocio.

Microcréditos

Los micropréstamos son pequeños préstamos, que generalmente oscilan entre $ 500 y $ 50,000, que están diseñados para ayudar alos empresarios y propietarios de pequeñas empresas a acceder al capital para iniciar o expandir sus negocios. Estos préstamos generalmente son proporcionados por organizaciones sin fines de lucro, programas gubernamentales o microprestamistas especializados.

Los micropréstamos son beneficiosos para los empresarios y **propietarios de pequeñas** empresas porque brindan acceso a capital que puede no estar disponible a través de préstamos bancarios tradicionales. Los micropréstamos a menudo son más fáciles de obtener que los préstamos tradicionales, y a menudo tienen términos de pago más flexibles. Los micropréstamos pueden proporcionar acceso a capital a empresarios que pueden no tener el puntaje de crédito o la garantía necesaria para obtener un préstamo   tradicional.

Los micropréstamos se pueden utilizar para una
variedad de propósitos, incluida la compra de equipos,
la contratación de empleados, el lanzamiento de una
campaña de marketing o la expansióna nuevos
mercados. Estos préstamos también se pueden usar
para cubrir los costos de iniciar un negocio, como las
tarifas de licencia, los honorarios legales y el
desarrollo   del   plan   de   negocios.

Los micropréstamos pueden ser una buena fuente para
que los empresarios y propietarios de pequeñas
empresas accedan al capital parainiciar o expandir sus
negocios. Estos préstamos pueden proporcionar
acceso a capital que puede no estar disponible a través
de préstamos bancarios tradicionales, y a menudo
tienen términos de pago más flexibles. Los
micropréstamos pueden proporcionar acceso a capital
a empresarios que pueden no tener el puntaje de
crédito o la garantía necesaria para obtener un
préstamo tradicional.

Ahorros personales

Los ahorros personales son un componente clave de
cualquier desarrollo y puesta en marcha de negocios.
Tener una cuenta de ahorros saludable puede ayudar a
los empresarios a cubrir los costos de iniciar un
negocio, así como proporcionar un colchón en caso de
gastos inesperados. Los ahorros también se pueden
utilizar para invertir en el negocio, lo que permite a los
empresarios aprovechar las oportunidades que puedan
surgir.

El primer paso en el uso de ahorros personales para desarrollar un negocio es crear un presupuesto. Este presupuesto debe incluir todos los gastos necesarios asociados con el inicio del negocio, como alquiler, servicios públicos y suministros. Una vez que se crea el presupuesto, el empresario debe reservar una parte de su ingresocada mes para ahorrar. Esto ayudará a garantizar que haya suficiente dinero disponible para cubrir los costos de iniciar el negocio.

Una vez que el negocio está en funcionamiento, el empresario debe continuar ahorrando una parte de sus ingresos. Este dinero se utiliza para invertir en el negocio, como la compra de nuevos equipos o la contratación de personal adicional. También se puede utilizar para cubrir gastos inesperados, como reparaciones o costos inesperados.

Tener una cuenta de ahorros saludable también puede proporcionar a los empresarios accesoal capital. Este capital se utiliza para expandir el negocio, permitiendo al empresario aprovechar nuevas oportunidades. También se puede utilizar como garantía para préstamos, lo que permite al empresario acceder a fondos adicionales si es necesario.

Tener unacuenta de ahorros puede proporcionar tranquilidad a los empresarios. Saber que hay dinero reservado para gastos inesperados puede ayudar a reducir el estrés y permitir que los empresarios se centren en hacer crecer sus negocios.

Los ahorros personales son una parte esencial del

desarrollo y puesta en marcha de su negocio. Al crear un presupuesto y reservar una parte de sus ingresos cada mes, puede asegurarse de tener suficiente liquidez para que su negocio se ponga en marcha.

Subvenciones del gobierno

Las subvenciones gubernamentales son una forma deasistencia financiera proporcionada por el gobierno para ayudar a las empresas a desarrollarse. Las subvenciones generalmente se otorgan a empresas que demuestran una necesidad de los fondos y un compromiso de usarlos para el propósito previsto.

Las subvenciones gubernamentales se utilizan para una variedad de ofertas, incluyendo investigación y desarrollo, inversiones de capital, comercialización y capacitación. Las subvenciones también se pueden utilizar para ayudar a las empresas a expandirse a nuevos mercados, contratar personal adicional o comprar nuevos equipos.

Las subvenciones del gobierno generalmente se otorgan a través de un proceso competitivo. Las empresas deben presentar una solicitud que describa su proyecto, la cantidad de fondos solicitados y cómo se utilizarán los fondos. Las solicitudes son revisadas por un panel de expertos que evalúan el potencial de éxito del proyecto. Las subvenciones gubernamentales pueden proporcionar a las empresas los recursos financieros que necesitan para despegar y crecer. Las subvenciones pueden ayudar a las empresas a cubrir el costo de investigación y desarrollo, inversiones de capital y marketing. Las subvenciones también pueden ayudar a las empresas a expandirse a nuevos mercados y contratar personal adicional.

Las subvenciones del gobierno son demasiado buenas para que las empresas obtengan los fondos que necesitan para tener éxito. Sin embargo, las empresas deben conocer el proceso de solicitud y los riesgos potenciales asociados con la aceptación de fondos gubernamentales. Las empresas también deben conocer los requisitos de presentación de informes asociados con las subvenciones gubernamentales, ya que el incumplimiento puede resultar en la revocación de los fondos.

Business Angels

Los business angels son inversores privados que aportan capital aempresas emergentes a cambio de capital o deuda convertible. Por lo general, son personas ricas que buscan rendimientos más altos que los que pueden obtener de las inversiones tradicionales. Los business angels suelen ser empresarios y tienen experiencia en la industria en la que están invirtiendo.

Los business angels proporcionan capital a las empresas de nueva creación a cambio de capital o deuda convertible. Esto significa que el business angel poseerá una parte de la empresa y tendrá derecho a una parte de las ganancias. Elbusiness angel también puede recibir un retorno de su inversión si la empresa tiene éxito.

Los business angels proporcionan algo más que

capital. También pueden proporcionar asesoramiento y tutoría a los empresarios en los que invierten. A menudo tienen experiencia en la industria en la que están invirtiendo y pueden proporcionar información y orientación valiosas. También pueden proporcionar conexiones valiosas a clientes potenciales, proveedores y otros inversores.

Los business angels pueden proporcionar a las start-ups el capital que necesitan para despegar. Esto es especialmente útil para las nuevas empresas que no pueden obtener la financiación tradicional. Los business angels también pueden proporcionar valiosos consejos y tutoría que pueden ayudar a los empresarios a tener éxito.

En conclusión, los business angels pueden ser una valiosa fuentede capital y asesoramiento para las start-ups. Pueden proporcionar el capital necesario para que un negocio despegue y también pueden proporcionar valiosos consejos y tutoría. Los business angels son un gran recurso para los emprendedores que buscan iniciar un negocio.

Lenders en línea

Los prestamistas en línea son una excelente opción para las empresas que buscan desarrollarse y crecer. Ofrecen una variedad de servicios y productos que pueden ayudar a las empresas de todos los tamaños y etapas de desarrollo. Desde nuevas empresas hasta empresas establecidas, los prestamistas en línea pueden proporcionar capital, asesoramiento y apoyo.

Una de las principales ventajas de los prestamistas en

línea es su capacidad para proporcionar un acceso rápido al capital. Muchos prestamistas en línea ofrecen préstamos con tiempos rápidos de aprobación y financiación, lo cual es una gran ayuda para las empresas que lo necesitanrápidamente. Los prestamistas en línea también suelen ofrecer plazos de pago más flexibles que los prestamistas tradicionales, lo que puede facilitar a las empresas la gestión de su flujo de caja.

Los prestamistas en línea también ofrecen una variedad de servicios y productos que pueden ayudar a las empresas a crecer y desarrollarse. Por ejemplo, algunos prestamistas en línea ofrecen tarjetas de crédito comerciales, que pueden ser útiles para crear crédito comercial y acceder a capital adicional. Otros prestamistas en línea ofrecen adelantos en efectivo para comerciantes, que se utilizan para cubrir gastos a corto plazo opara comprar inventario.

Los prestamistas en línea también pueden proporcionar valiosos consejos y apoyo a las empresas. Muchos prestamistas en línea tienen equipos de expertos que pueden proporcionar orientación sobre una variedad de temas, como marketing, contabilidad y finanzas. Esta es una gran resolución para las empresas que recién comienzan o necesitan ayuda para navegar por las complejidades de administrar un negocio.

El prestamista en línea es un gran recurso para las empresas que buscan desarrollarse y crecer. Ofrecen acceso rápido al capital, plazos de pago flexibles y una variedad de servicios y productos que pueden ayudar a las empresas a tener éxito. Con el prestamista en línea adecuado, las empresas pueden acceder a los recursos que necesitan para tener éxito.

Préstamos entre pares

Los préstamos peer-to-peer (P2P) son una forma de financiamiento que permite a individuos y empresas pedir prestado y prestar dinero sin el uso de una institución financiera tradicional. Es una plataforma en línea que conecta directamente a prestatarios y prestamistas, permitiéndoles negociar términos y tasas de interés. Los préstamos P2P se han vuelto cada vez más populares en los últimos años, ya que ofrecen una alternativa más eficiente, rentable y transparente a la financiación tradicional.

Para las empresas, los préstamos P2P son una opción atractiva para el financiamiento. Puede proporcionar acceso al capital rápidamente y con menos restriccionesque los prestamistas tradicionales. Los prestatarios a menudo pueden obtener financiamiento en tan solo unos pocos días, y el proceso suele ser mucho más simple que con un préstamo bancario. Los prestamistas P2P también suelen tener tasas de interés más bajas y términos de pago más flexibles que los bancos.

Para las nuevas empresas, los préstamos P2P son un gran apoyo para obtener el capital que necesitan para que su negocio despegue. Las nuevas empresas a menudo tienen dificultades para acceder a la financiación tradicional, ya que carecen del historial crediticio y las garantías que los bancos suelen requerir. Los prestamistas P2P están más dispuestos a contratar prestatarios más riesgosos, y pueden proporcionar el capital que las nuevas empresas necesitan para poner en marcha sus negocios.

Los préstamos P2P también pueden ser valiosos para que las empresas diversifiquen sus fuentes de financiamiento. Mediante el uso de prestamistas P2P, las empresas pueden acceder a capital de una variedad de fuentes, lo que puede ayudar a reducir su riesgo general. Los prestamistas P2P a menudo ofrecen términos de pago más flexibles que los prestamistas tradicionales, lo que puede ayudar a las empresas a administrar su flujo de efectivo de manera más efectiva.

Líneas de crédito comerciales

Una línea de crédito comercial es un tipo de préstamo que permite a las empresas pedir dinero prestado hasta cierto límite. El dinero se utiliza para cualquier propósito, como comprar inventario, pagar gastos operativos o financiar un nuevo proyecto. A diferencia de un préstamotradicional, una línea de crédito no requiere que el prestatario pague el monto total del préstamo de una vez. En cambio, el prestatario puede recurrir a la línea de crédito según sea necesario y solo pagar intereses sobre el monto prestado.

Las líneas de crédito comerciales realmente ayudan a las empresas a acceder al capital que necesitan para crecer y desarrollarse. Proporcionan a las empresas flexibilidad y acceso a fondos cuando los necesitan, sin tener que pedir un gran préstamo o esperar a un inversor. Esto es especialmente útil para las nuevas empresas, que a menudo tienen acceso limitado al capital.

Las líneas de crédito comerciales se utilizan para cubrir una variedad de gastos, incluida la compra de inventario, el pago de gastos operativos o la financiación de un nuevo proyecto. También se pueden utilizar para cubrir gastos inesperados, como gastos de representación o gastos de emergencia. Esta flexibilidad los convierte en una excelente opción para las empresas que necesitan poder acceder a los fondos rápidamente.

Las líneas de crédito comerciales también brindan a las empresas la capacidad de administrar su flujo de efectivo de manera más efectiva. Al tener acceso a los fondos cuando sea necesario, las empresas pueden evitar tener que obtener grandes préstamos o esperar a los inversores. Esto puede ayudar a las empresas a administrar sus gastos de manera más eficiente y ayudarlas a mantenerse al tanto de su flujo de efectivo.

Las líneas de crédito comerciales pueden ayudar a las empresas a construir su puntaje de crédito. Al hacer pagos regulares en la línea de crédito, las empresas pueden demostrar su capacidad para administrar la deuda de manera responsable y construir su puntaje de crédito. Esto es beneficioso para las empresas que buscan obtener financiación adicional en lafutura.

Financiamiento de equipos

El financiamiento de equipos es un tipo de préstamo que permite a las empresas comprar el equipo que necesitan para operar y crecer. Es una forma de préstamo basado en activos, lo que significa que el préstamo está garantizado por el equipo que se compra. El financiamiento de equipos se puede usar para comprar una variedad de artículos, incluidos vehículos, computadoras, equipos de fabricación y más.

El financiamiento de equipos es una excelente opción para las empresas que necesitan comprar equipos pero no tienen el efectivo parahacerlo. También puede ser una gran opción para las nuevas empresas, ya que les permite adquirir el equipo, necesitan poner en marcha su negocio sin tener que usar su propio capital.

El financiamiento de equipos puede ayudar a las empresas de varias maneras. En primer lugar, permite a las empresas adquirir el equipo que necesitan sin tener que utilizar su propio capital. Esto es especialmente beneficioso para las start-ups, ya que les permite poner en marcha su negocio sin tener que utilizar sus propios recursos.

En segundo lugar,la financiación de equipos puede ayudar a las empresas a ahorrar dinero. Debido a que el préstamo está garantizado por el equipo que se compra, la tasa de interés suele ser más baja que otros tipos de financiamiento. Esto puede ayudar a las empresas a ahorrar dinero a largo plazo.

En tercer lugar, la financiación de equipospuede

ayudar a las empresas a ahorrar tiempo. Al financiar el equipo que necesitan, las empresas pueden evitar el largo proceso de búsqueda y negociación con los proveedores. Esto puede ayudar a las empresas a ahorrar tiempo y obtener el equipo que necesitan rápidamente.

El financiamiento de equipos puede ayudar a las empresas a mantener su flujo de efectivo. Al financiar el equipo que necesitan, las empresas pueden evitar tener que usar su propio capital para comprar el equipo. Esto puede ayudar a las empresas a mantener su flujo de caja y garantizar que tengan los fondos que necesitan para operar y crecer.

Factoring

El factoraje es un tipo de financiamiento que ayuda a las empresas a acceder al efectivo de manera rápida y sencilla. Es una transacción financiera en la que una empresa vende sus cuentas por cobrar (facturas) a un tercero (llamado factor) con un descuento. El factor luego cobra los pagos de los clientes y paga a la empresa la cantidad descontada. El factoraje es una buena manera para que las empresas accedan al efectivo de forma rápida y sencilla, y puede ayudarlas a crecer y desarrollarse.

El factoraje puede ser especialmentebeneficioso para las pequeñas empresas y las nuevas empresas. Estas empresas a menudo tienen acceso limitado a las opciones de financiamiento tradicionales, como los préstamos bancarios, y el factoraje puede proporcionarles el efectivo que necesitan para crecer y desarrollarse. El factoraje también puede ayudar a las nuevas empresas a administrar su flujo de efectivo de manera más efectiva, ya que pueden acceder al efectivo de forma rápida y sencilla sin tener que esperar a que los clientes paguen sus facturas. Esto puede ayudarles a cubrir sus gastos a corto plazo e invertir en nuevas oportunidades.

El factoring también puede ayudar a las empresas a reducir su riesgo. Al vender sus facturas a un factor, las empresas pueden reducir su exposición a deudas incobrables y riesgo crediticio. El factor asumirá el riesgo de impago, lo que significa que las empresas no tienen que preocuparse de que los clientes no paguensus facturas. Esto puede ayudar a las empresas a administrar sus finanzas de manera más efectiva y reducir su riesgo.

El factoraje es una forma rápida para que las empresas accedan al efectivo de forma rápida y sencilla, y puede ser especialmente beneficioso para las pequeñas empresas y las nuevas empresas. Puede ayudarlos a administrar su flujo de efectivo de manera más efectiva, reducir su riesgo e invertir en nuevas oportunidades.

Oferta Pública Inicial (IPO)

Una oferta pública inicial (IPO) es el proceso por el cual una empresa privada puede convertirse en una empresa que cotiza en bolsa ofreciendo sus acciones al público. Las OPI son una forma para que una empresa recaude capital y aumente su visibilidad en el mercado. A través de una oferta pública inicial, una empresa también puede aumentar su liquidez y atraer a más inversores.

Las OPI son una gran oportunidad de negocio para que las nuevas empresas y las pequeñas empresas obtengan capital y expandan sus operaciones. Al salir a bolsa, una empresa puede acceder a un grupo más grande de inversores potenciales, lo que puede ayudarla a recaudar más capital. Salir a bolsa también puede ayudar a una empresa a aumentar su visibilidad y credibilidad en el mercado, lo que puede conducir a más clientes y oportunidades de negocio.

Las OPI también proporcionan una forma para que las empresas recompensen a sus accionistas existentes. Al ofrecer acciones al público, una empresa puede proporcionara sus accionistas existentes la oportunidad de vender sus acciones y obtener un retorno de su inversión. Esto es especialmente beneficioso para los primeros inversores que han estado con la compañía desde su creación y han estado esperando que la compañía salga a bolsa.

Las OPI puedenayudar a una empresa a atraer y retener a los mejores talentos. Al salir a bolsa, una empresa puede ofrecer a sus empleados la oportunidad de comprar acciones de la empresa, lo que es un gran incentivo para que permanezcan en la empresa. Salir a bolsa también puede ayudar a una empresa aatraer nuevos talentos, ya que puede demostrar que la empresa es un negocio viable y exitoso.

Un enfoque simplificado de las OPI puede aportar mucha visibilidad para que las nuevas empresas y las pequeñas empresas obtengan capital y expandan sus operaciones. Al salir a bolsa, una empresa puede acceder a un grupo más grande de inversores potenciales, aumentar su visibilidad y credibilidad en el mercado, recompensar a sus accionistas existentes.

Capital Privado

El capital privado (PE) es una forma de inversión alternativa que implica la inversión de capital enempresas o fondos que no cotizan en bolsa de valores. Las empresas de capital privado suelen invertir en empresas que necesitan capital para expansión, reestructuración u otros fines. Las empresas de capital

privado proporcionan capital a las empresas a cambio de participaciones de capital en la empresa. Esto significa que la firma de capital privado será propietaria de una parte de la empresa y tendrá voz en cómo se gestiona la empresa. Las empresas de capital privado también proporcionan experiencia en gestión y asesoramiento a las empresas en las queinvierten. Las empresas de

capital privado pueden ayudar a las empresas de varias maneras. Pueden proporcionar capital para expansión, reestructuración u otros fines. También pueden proporcionar asesoramiento y orientación sobre cómo administrar mejor la empresa. Las empresas de capital privado también puedenayudar a las empresas a desarrollar estrategias de crecimiento y rentabilidad.

Las empresas de capital privado también pueden ayudar a las nuevas empresas proporcionando capital para ayudarlas a despegar. Las empresas emergentes a menudo necesitan capital para lanzar su negocio, pero pueden no tener acceso a fuentes tradicionalesde financiación. Las empresas de capital privado pueden proporcionar el capital necesario para ayudar a las nuevas empresas a despegar.

Las empresas de capital privado también pueden ayudar a las nuevas empresas proporcionando asesoramiento y orientación sobre cómo gestionar mejor el negocio. Las empresas de capital privado pueden ayudar a las nuevas empresas a desarrollar estrategias de crecimiento y rentabilidad. También pueden proporcionar asesoramiento sobre cómo estructurar mejor el negocio, como la forma de estructurar la propiedad y la gestión de la empresa. Las empresas de capital privado pueden ser una gran fuente de capital y asesoramiento para empresas y empresas de nueva creación. Pueden proporcionar capital para expansión, reestructuración u otros fines. También pueden proporcionar asesoramiento y orientación sobre cómo administrar mejor el negocio.

Fusiones y Adquisiciones

Las fusiones y adquisiciones (M&A) son un tipo de reestructuración corporativa que implica la combinación de dos o más empresas en una sola entidad. Esto se hace a través de una fusión, donde una empresa es absorbida por otra o una adquisición, donde una empresa compra otra. Las fusiones y adquisiciones se pueden utilizar para ampliar la cuota de mercado de una empresa, diversificar su oferta de productos u obtener acceso a nuevas tecnologías o recursos.

Las fusiones y adquisiciones son beneficiosas tanto para las empresas establecidas como para las nuevas empresas. Para las empresas establecidas, las fusiones y adquisiciones pueden proporcionar acceso a nuevos mercados, tecnologías y recursos, así como la oportunidad de ampliar sus ofertas de productos. Para las nuevas empresas, las fusiones y adquisiciones pueden proporcionar acceso a capital, recursos y experiencia que de otra manera no estarían disponibles. Las fusiones y adquisiciones pueden proporcionar una plataforma para que las nuevas empresas puedan desarrollar rápidamente su negocio y expandir su base de clientes.

Las fusiones y adquisiciones también pueden ayudar a las empresas a desarrollarse y crecer de otras maneras. Por ejemplo, las fusiones y adquisiciones pueden ayudar a las empresas a reducir costos al eliminar operaciones y personal redundantes, y pueden ayudar a las empresas a aumentar la eficienciacombinando operaciones y racionalizando procesos. Las fusiones y adquisiciones pueden ayudar a las empresas a obtener acceso a nuevos mercados, tecnologías y recursos, así como la oportunidad de ampliar sus ofertas de productos.

Las fusiones y adquisiciones son una herramienta poderosa tanto para empresas establecidas como para nuevas empresas. Puede proporcionar acceso a nuevos mercados, tecnologías y recursos, así como la oportunidad de ampliar su oferta de productos. Las fusiones y adquisiciones pueden ayudar a las empresas a reducir costos, aumentar la eficiencia y obtener acceso a nuevos mercados.

Préstamos de racionamiento para administradores de pequeñas empresas

La Administración de Pequeños Negocios (SBA) es una agencia federal que brinda asistencia a las pequeñas empresas en los Estados Unidos. La SBA ofrece una variedad de programas de préstamos para ayudar a las pequeñas empresas a comenzar, crecer y tener éxito. Estos préstamos se pueden utilizar para una variedad de propósitos, incluida la expansión comercial, la compra de equipos, el capital de trabajo y el refinanciamiento de la deuda.

Los programas de préstamos de la SBA están diseñados para ayudar a las pequeñas empresas a acceder a capital que puede no estar disponible a través de fuentes de financiamiento tradicionales. La SBA no presta dinero directamente a las empresas, sino que garantiza los préstamos otorgados por los prestamistas participantes. Esto ayuda a reducir el riesgo para los prestamistas y facilita que las pequeñas empresas califiquen para el financiamiento.

La SBA ofrece varios programas de préstamos, incluyendo el Programa de Préstamos 7(a), el Programa de Préstamos 504 y el Programa de Micropréstamos. El Programa de Préstamos 7(a) es el programa de préstamos más popular de la SBA y se utiliza para una variedad de propósitos, incluyendo expansión de negocios, compras de equipos, capital de trabajo, yrefinanciamiento de deuda. El Programa de

Préstamos 504 está diseñado para ayudar a las pequeñas empresas a comprar activos fijos, como bienes raíces y equipos. El Programa de Micropréstamos ofrece pequeños préstamos de hasta $50,000 para ayudar a las pequeñas empresas a comenzar y expandirse. Los programas de

préstamos de la SBA proporcionan una serie de beneficios a las pequeñas empresas. Los préstamos suelen ser más fáciles de calificar que los préstamos bancarios tradicionales, y a menudo tienen tasas de interés más bajas y plazos de pago más largos. La SBA también ofrece asesoramiento y capacitación gratuitos para quelos propietarios de pequeñas empresas entiendan el proceso de préstamo y administren sus negocios.

Deuda convertible

La deuda convertible es un tipo de préstamo que se puede convertir en capital en una fecha posterior. Es una forma popular de financiamiento para nuevas empresas y otras empresas que necesitan capital pero no tienen los activos o el historial crediticio para calificar para préstamos bancarios tradicionales. La deuda convertible es atractiva para los inversores porque les ofrece el potencial de un mayor retorno de su   inversión.

La deuda convertible es una excelente manera para que las empresas obtengan el capital que necesitan para crecer y desarrollarse. Puede proporcionar los fondos necesarios para desarrollar nuevos productos, contratar nuevos empleados y expandir las operaciones. También permite a las empresas evitar las altas tasas de interés asociadas con los préstamos tradicionales.

La deuda convertible también puede ser beneficiosa para las nuevas empresas porque les permite recaudar capital sin renunciar acualquier capital en su empresa. Esto es especialmente atractivo para los empresarios que desean mantener el control de sus negocios.

La deuda convertible también se puede utilizar para cerrar la brecha entre la financiación inicial y una ronda de financiación de la Serie A. Esto es especialmente útil para las nuevas empresas que necesitan capital adicional para alcanzar el siguiente nivel de crecimiento.

La deuda convertible puede ser una forma segura para que las empresas obtengan el capital que necesitan para crecer y desarrollarse. Se utiliza para salvar la brecha entre la financiación inicial y unaronda de financiación A.

Financiamiento basado en ingresos

- El financiamiento basado en ingresos (RBF) es un tipo de financiamiento que permite a las empresas pedir dinero prestado en función de sus ingresos actuales y futuros. RBF es una alternativa a la financiación de deuda tradicional y la financiación de capital, y a menudo es utilizada por empresas que no pueden acceder a la financiación tradicional. RBF puede ser una gran opción para las empresas que necesitan capital rápidamente y no quieren asumir el riesgo de la financiación de capital.

- RBF es una forma de financiamiento de deuda que se basa en los ingresos actuales y futuros de una empresa. A diferencia del financiamiento de deuda tradicional, RBF no requiere garantía o un puntaje de crédito. En cambio, el prestamista analiza los ingresos y el flujo de efectivo de la compañía para determinar la cantidad de dinero que están dispuestos a prestar. Elprestamista también analizará el potencial de crecimiento de la compañía y el historial financiero para determinar los términos de pago.

- RBF es una excelente opción para las empresas que necesitan capital rápidamente y no quieren asumir el riesgo de la financiación de capital. RBF puede proporcionar a las empresas elcapital que necesitan para crecer y expandirse sin tener que renunciar a la propiedad o el control de la empresa. RBF se utiliza para financiar proyectos o inversiones a corto plazo, como campañas de marketing o lanzamientos de nuevos productos.

- RBF es una gran opción para las empresas que recién comienzan. Puede proporcionar a las empresas el capital que necesitan para despegar sin tener que renunciar a la propiedad o el control de la empresa. El FBR puede utilizarse para financiar proyectos o inversiones a corto plazo, como campañas de marcado o lanzamientos de nuevos productos.

Colocación privada

Las colocaciones privadas son una forma de financiación que implica la venta de valores a un número limitado de inversores, generalmente sin necesidad de registrarse en la Comisión de Bolsa y Valores(SEC). Las colocaciones privadas a menudo son utilizadas por las empresas para recaudar capital para el desarrollo y la expansión de negocios.

Las colocaciones privadas pueden ser buenas para que las nuevas empresas y las pequeñas empresas obtengan capital de manera rápida y eficiente. Se pueden utilizar para financiar nuevosproyectos, ampliar las operaciones existentes o adquirir otros negocios. Las colocaciones privadas también son atractivas para los inversores porque suelen ofrecer rendimientos más altos que otras formas de financiación.

Las colocaciones privadas se ofrecen normalmente a inversores acreditados, que son individuos o entidades que cumplen con ciertos umbrales financieros. Estos inversores deben ser capaces de demostrar que tienen los recursos financieros y el conocimiento para comprender los riesgos asociados con la inversión.

Las colocaciones privadas se estructuran de varias maneras, incluyendo deuda, capital o una combinación de ambas. Las empresas también pueden ofrecer diferentes tipos de valores, como acciones ordinarias, acciones preferentes o deuda convertible.

Las colocaciones privadas pueden proporcionar a las nuevas empresas y a las pequeñas empresasacceso a capital que puede no estar disponible a través de fuentes de financiación tradicionales. También ofrecen a los inversores la oportunidad de invertir en una empresa en una fase temprana y potencialmente obtener mayores rendimientos que con otros inversores.

Las colocaciones privadas también se pueden utilizar para recaudar capital para proyectos o iniciativas específicas, como investigación y desarrollo, marketing o adquisiciones. Las empresas también pueden utilizar colocaciones privadas para reestructurar su estructura de deuda o capital propio.

Las colocaciones privadas son apoyadas para nuevas empresas y pequeñas empresas para recaudar capital de manera rápida y eficiente. También pueden proporcionar a los inversores la oportunidad de invertir en una empresa.

Préstamos basados en activos

- Los préstamos basados en activos (ABL) son un tipo de financiamiento que utiliza los activos de una empresa como garantía para un préstamo. Es una forma popular de financiamiento para las empresas que necesitan acceso rápido al capital y no tienen acceso a fuentes tradicionales de financiamiento. ABL se utiliza para financiar una amplia gama de actividades comerciales, incluyendo capital de trabajo, expansión, adquisiciones y más.

- ABL se puede utilizar para financiar una amplia gama de actividades comerciales, incluyendo capital de trabajo, expansión, adquisiciones y más. ABL es una opción atractiva para las empresas que tienen dificultades para obtener financiamiento tradicional. Es una forma flexible de financiación que se puede adaptar para satisfacer las necesidades de la empresa. ABL puede proporcionar a las empresas los fondos que necesitan para crecer.

- ABL es una gran opción para nuevas empresas y pequeñas empresas quenecesitan capital para despegar. ABL puede proporcionar los fondos necesarios para comprar equipos, contratar personal y comprar inventario. Se utiliza para financiar expansiones y adquisiciones.

- ABL también se utiliza para financiar fusiones y adquisiciones y para proporcionar el capital necesario para financiar la compra de otra empresa o para financiarla fusión de dos empresas. Se utiliza para financiar la reestructuración y los cambios para proporcionar el capital necesario para reestructurar una empresa y hacerla más rentable. Los préstamos basados en activos son una excelente opción para las empresas que necesitan un acceso rápido al capital.

Arrendamiento

El arrendamiento es una forma de financiamiento que permite a las empresas adquirir activos sin tener que pagar el precio total de compra por adelantado. Es una opción popular para empresas de todos los tamaños, desdenuevas empresas hasta grandes corporaciones, ya que les proporciona acceso a los equipos, que necesitan para operar sin tener que gastar una gran cantidad de capital.

El arrendamiento puede tener un impacto significativo en el crecimiento del negocio y el éxito de la puesta en marcha. Al permitir que las empresasadquieran activos sin tener que pagar el precio total de compra por adelantado, el arrendamiento les proporciona el capital que necesitan para invertir en otras áreas de su negocio, como marketing, investigación y desarrollo, y la contratación de empleados adicionales. Esto puede ayudar a las empresas a crecer y expandirse, así como a aumentar sus posibilidades de éxito.

El arrendamiento también proporciona a las empresas más flexibilidad que las opciones de financiamiento tradicionales. Por ejemplo, las empresas pueden elegir la duración del arrendamiento, las condiciones de pago y eltipo de activo que están arrendando. Esto permite a las empresas adaptar su contrato de arrendamiento a sus necesidades y presupuesto específicos.

El arrendamiento puede ayudar a las empresas a administrar su flujo de efectivo. Al distribuir el costo del activo durante el plazo del arrendamiento, las empresaspueden evitar tener que pagar una gran suma de dinero por adelantado. Esto puede ayudar a las empresas a administrar su flujo de efectivo y garantizar que tengan suficiente dinero para cubrir sus otros gastos.

El arrendamiento es una gran opción para empresas de todos los tamaños, desde nuevas empresas hasta grandes empresas. Puede proporcionar a las empresas el capital que necesitan para invertir en otras áreas de su negocio, así como una mayor flexibilidad y una mejor gestión del flujo de efectivo. Al aprovechar el leasing, las empresas pueden aumentar sus posibilidades de éxito y ayudar a garantizar su crecimiento y éxito a largo plazo.

Crédito comercial

El crédito comercial es una forma de financiamiento que permite a las empresas comprar bienes o servicios sin tener que pagarlos de inmediato. Es un tipo de financiación a corto plazo que se extiende a una empresapor sus proveedores o vendedores. El proveedor o vendedor acepta proporcionar bienes o servicios a la empresa y permite que la empresa pague por ellos en una fecha posterior. Este tipo de financiamiento es utilizado a menudo por las empresas para comprar inventario, cubrirlos costos operativos o financiar iniciativas de crecimiento.

El crédito comercial es una fuente importante de financiación para las empresas, en particular para las empresas emergentes y las pequeñas empresas. Puede proporcionar acceso a capital que puede no estar disponible de fuentes tradicionales, como bancos o inversores. El crédito comercial también puede ayudar a las empresas a administrar su flujo de efectivo al permitirles comprar bienes y servicios sin tener que pagarlos de inmediato. Esto es especialmente beneficioso para las empresas que están experimentando fluctuaciones estacionales en las cervezaso que tienen acceso limitado a otras formas de financiación.

El crédito comercial también puede ayudar a las empresas a crecer y expandirse. Al permitir que las empresas compren bienes y servicios sin tener que pagar por ellos inmediatamente, el crédito comercial puede ayudar a las empresas a comprar inversiones o invertir en nuevos equipos que pueden ayudarlas a aumentar la producción y las ventas. Esto puede ayudar a las empresas a aumentar sus ingresos y ganancias, lo que puede conducir a un mayor crecimiento y expansión.

El crédito comercial también puede ser beneficioso para las nuevas empresas. Las nuevas empresas a menudo tienen un acceso limitado al capital y es posible que no puedan obtener financiamiento de fuentes tradicionales. El crédito comercial puede proporcionar una fuente de financiación que puede ayudar a las nuevas empresas a comprar inventario e invertir en nuevos equipos, lo que puede ayudarles a poner en marcha su negocio.

El crédito comercial es una fuente importante de financiación para las empresas, en particular para las empresas emergentes y las pequeñas empresas.

Financiación de proveedores

El financiamiento del proveedor es un tipo de financiamiento en el que el proveedor financia el negocio para comprar bieneso servicios del proveedor. Este tipo de financiamiento es beneficioso para las empresas que necesitan comprar bienes o servicios pero no tienen los fondos necesarios para hacerlo. También puede ser beneficioso para las nuevas empresas, ya que puede ayudarles a adquirir los bienes o servicios necesarios para que su negocio despegue.

La financiación de proveedores puede tener un impacto positivo en el crecimiento del negocio y el éxito de la puesta en marcha. Al proporcionar acceso a bienes y servicios que de otro modo podrían estar fuera de su alcance, la financiación de proveedores puede ayudar a las empresas aampliar sus operaciones y aumentar sus ingresos. Esto es especialmente beneficioso para las start-ups, ya que puede ayudarles a adquirir los recursos necesarios para poner en marcha su negocio. La financiación de proveedores puede ayudar a las empresas a gestionar suflujo de recursos de manera más eficaz, ya que pueden comprar bienes y servicios a crédito y luego pagarlos con el tiempo. Esto puede ayudar a las empresas a administrar mejor sus finanzas y garantizar que tengan los fondos necesarios para cubrir sus gastos.

Además de ayudar a las empresas a adquirir los recursos necesarios para crecer, la financiación de proveedores también puede ayudar a reducir el riesgo asociado con la compra de bienes o servicios. Al permitir que las empresas adquieran bienes y servicios a crédito, la financiación de proveedores puede ayudar areducir el riesgo de no poder pagar bienes o servicios que ya han sido adquiridos. Esto puede ayudar a las empresas a evitar pérdidas financieras debido a la falta de pago y puede ayudarles a administrar mejor sus finanzas.

La financiación de proveedores es una herramienta beneficiosa para las empresas y las nuevas empresas. Puede ayudar a las empresas a adquirir los recursos necesarios para crecer y puede ayudar a las nuevas empresas a poner en marcha su negocio. Puede ayudar a las empresas a administrar mejor su flujo de efectivo y reducir el riesgo asociado

Nota:

El crédito comercial es un préstamo a corto plazo otorgado a un cliente por un proveedor, lo que le permite al cliente comprar bienes o servicios y pagarlos en una fecha posterior.

La financiación de proveedores es un tipo de acuerdo de financiación en el que un proveedor concede un préstamo a unproveedor para ayudar a financiar la compra de bienes o servicios. El proveedor puede requerir que el cliente realice pagos regulares o puede requerir que el cliente pague el monto total del préstamo al final del acuerdo. El proveedor también puede exigir una garantía o una garantía personalal cliente.

Financiación de las exportaciones

La financiación de las exportaciones es un tipo de financiación que ayuda a las empresas y a las empresas de nueva creación a financiar sus actividades de exportación. Es una forma de crédito que ayuda a las empresas a cubrir los costos asociados con la exportación de bienes y servicios, como el transporte, el seguro y los derechos de aduana. La financiación de las exportaciones se utiliza para cubrir los costos de producción, comercialización y otras actividades relacionadas con la exportación.

La financiación de las exportaciones puede tener un impacto significativo en el crecimiento de las empresas y en las nuevas empresas. Uno de los principales beneficios de la financiación de las exportaciones es que proporciona a las empresas acceso a capital al que tal vez no puedan acceder a través de los métodos tradicionales de financiación. Esto es especialmente beneficioso para las empresas de nueva creación, ya que a menudo carecen del historial universitarioo crediticio para calificar para la financiación tradicional. La financiación de las exportaciones también puede ayudar a las empresas a ampliar sus operaciones y llegar a nuevos mercados, lo que puede conducir a un aumento de las ventas y los beneficios.

La financiación de las exportaciones también puede

ayudar a las empresas a gestionar suflujo de caja de manera más eficaz. Al proporcionar a las empresas acceso al capital, la financiación de las exportaciones puede ayudar a las empresas a cubrir sus gastos y pagar los bienes y servicios de manera oportuna. Esto puede ayudar a las empresas a evitar costosos retrasos en la producción o la entrega, lo que puede tener un impacto negativo en sus resultados. Al proporcionar a las empresas

acceso al capital, la financiación de las exportaciones puede ayudar a las empresas a establecer relaciones con compradores extranjeros, lo que puede conducir a un aumento de las ventas y los beneficios.

Joint Ventures

Una empresa conjunta (JV) es un acuerdo comercial en el que dos o más partes acuerdan combinar sus recursos para lograr un objetivo específico. Las empresas conjuntas a menudo son utilizadas por las empresas para expandir sus operaciones, ingresar a nuevos mercados y obtener acceso a nuevas tecnologías. También pueden ser utilizados por nuevas empresas para acceder a capital, recursos y experiencia que de otro modo no estarían disponibles.

Las empresas conjuntas ofrecen una serie de ventajas para las empresas y las empresas de nueva creación. Al combinar recursos, las empresas pueden reducir los costos y riesgos asociados con la entrada en nuevos mercados o el lanzamiento de nuevos productos. También pueden obtener acceso a nuevas tecnologías y experiencia que de otro modo no estarían disponibles.

Las empresas conjuntas pueden proporcionar a las nuevas empresas una plataforma para probar y validarsus productos y servicios en el mercado. Además, las empresas conjuntas pueden proporcionar una plataforma para que las empresas colaboren e innoven, lo que puede conducir a una mayor eficiencia y productividad.

Alianzas estratégicas

Las asociaciones estratégicas son unaherramienta importante para que las empresas de todos los tamaños crezcan y tengan éxito. Las asociaciones estratégicas permiten a las empresas aprovechar los recursos, la experiencia y las redes de otras organizaciones para crear nuevas oportunidades y aumentar su ventaja competitiva. Las asociaciones estratégicas pueden formarse entre dos o más empresas, entre una empresa y una agencia gubernamental, o entre una empresa y una institución educativa. Las asociaciones estratégicas pueden ayudar a las empresas a expandir su base de clientes, aumentar su participación en el mercado y desarrollar nuevos productos y servicios. También pueden ayudar a las nuevas empresas a obtener acceso a capital, recursos y experiencia para lanzar su negocio.

Una asociación estratégica es un acuerdo formal entre dos o más organizaciones para trabajar juntas para lograr un objetivo común. Las asociaciones estratégicas se forman cuando dos o más organizaciones tienen fortalezas y recursos complementarios que pueden aprovecharse para crear una   ventaja   competitiva.

Las asociaciones estratégicas pueden ayudar a las empresas a ampliar su base de clientes y aumentar su cuota de mercado. Al aprovechar los recursos y las redes de otras organizaciones, las empresas pueden llegar a nuevos clientes y mercados a los que quizás no hayan podido llegar por sí mismas.

Las asociaciones estratégicas pueden proporcionar a las empresas acceso a recursos, como capital, tecnología y experiencia, a los que tal vez no hayan tenido acceso por sí mismas. Esto es especialmente beneficioso para las nuevas empresas, que a menudo carecen de los recursos para lanzar su negocio.

Las asociaciones estratégicas pueden proporcionar una serie de beneficiosa las empresas de todos los tamaños. Estos beneficios incluyen:

- **Acceso a nuevos recursos**: Las asociaciones estratégicas brindan acceso a nuevos recursos como tecnología, capital y experiencia que pueden ayudar a una empresa a crecer.

- **Mayor alcance del mercado**: Las asociaciones estratégicas ayudan a una empresa a expandir su alcance a nuevos mercados y segmentos de clientes.

- **Ahorro de costos**: Las asociaciones estratégicas pueden ayudar a una empresa a reducir costos al compartir recursos y aprovechar las economías de escala.

- **Mitigación de riesgos**: Las asociaciones estratégicas pueden ayudar a una empresaa reducir el riesgo al compartir la carga del riesgo y distribuirla entre múltiples socios.

- **Mayor eficiencia**: Las asociaciones estratégicas pueden ayudar a una empresa a ser más eficiente al compartir recursos y aprovechar las fortalezas de los demás.

- **Mayor innovación**: Las asociaciones estratégicas pueden ayudar a una empresa a ser más innovadora al combinar ideas y recursos de diferentes socios.

- **Reconocimiento de marca mejorado: Las** asociaciones estratégicas pueden ayudar a una empresa a aumentar su reconocimiento de marca al aprovechar la marca del socio.

- **Acceso al talento**: Las asociaciones estratégicas pueden ayudar a una empresa a acceder a nuevos talentos y habilidades que pueden ayudarlo a crecer.

- **Mayor lealtad del cliente**: Las asociaciones estratégicas pueden ayudar a una empresa a aumentar la lealtad del cliente al proporcionar a los clientes unmejor servicio y más valor.

- **Mejora** de la competitividad: Las asociaciones estratégicas pueden ayudar a una empresa a ser más competitiva al aprovechar las fortalezas y los recursos del socio.

Bancos de Inversión

Un banco de inversión es una institución financiera que proporciona una gama de servicios a empresas, gobiernos e individuos. Los bancos de inversión se especializan en la suscripción y emisión de valores, la prestación de asesoramiento en fusiones y adquisiciones, y la prestación de otros servicios financieros. Los bancos de inversión desempeñan un papel fundamental en la economía al proporcionar capital a las empresas y ayudarlas a crecer. También brindan asesoramiento y orientación a nuevas empresas y otras empresas que buscan expandirse.

Los bancos de inversión desempeñan un papel clave en el crecimiento de las empresas. Proporcionan capital alas empresas en forma de financiación de deuda y capital. Este capital se utiliza para financiar la expansión, la investigación y el desarrollo, y las adquisiciones. Los bancos de inversión también proporcionan asesoramiento y orientación a las empresas sobre la mejor manera de utilizar su capital y cómo estructurar susfinanzas. Este consejo es invaluable para ayudar a las empresas a crecer y tener éxito.

Los bancos de inversión también brindan asesoramiento sobre fusiones y adquisiciones. Pueden ayudar a las empresas a identificar posibles objetivos de adquisición y proporcionar asesoramiento sobre cómo estructurar el acuerdo. Esto es beneficioso para las empresas que buscan expandir sus operaciones o ingresar a nuevos mercados.

Los bancos de inversión también pueden desempeñar un papel clave para ayudar a las nuevas empresas a crecer y tener éxito. Pueden proporcionar capital a las nuevas empresas en forma de capital de riesgo o financiación de deuda. Este capital se utiliza para financiar la investigación y el desarrollo, la comercialización y otras actividades. Los bancos de inversión también pueden proporcionar asesoramiento y orientación sobre cómo estructurar el negocio y cómo utilizar mejor el capital. Este consejo es invaluable para las nuevas empresas, ya que buscan crecer y tener éxito.

Los bancos de inversión desempeñan un papel fundamental en la economía al proporcionar capital a las empresas y ayudarlas a crecer.

Cooperativas de ahorro y crédito

Las cooperativas de crédito son un tipo de institución financiera que proporciona serviciosbancarios a personas que comparten un vínculo común, como un lugar de trabajo o una comunidad. Las cooperativas de ahorro y crédito son organizaciones sin fines de lucro que son propiedad y están operadas por sus miembros. Ofrecen una variedad de servicios, incluyendo cuentas de ahorro, cuentas corrientes, préstamosy otros servicios financieros.

Las cooperativas de ahorro y crédito tienen una larga historia de prestación de servicios financieros a sus miembros, y se han vuelto cada vez más populares en los últimos años como una alternativa a los bancos tradicionales. Las cooperativas de crédito ofrecen muchas ventajas a losmiembros herederos, incluyendo tarifas más bajas, tasas de interés más bajas y un servicio más personalizado.

Las cooperativas de ahorro y crédito tienen un impacto positivo en el crecimiento empresarial y las nuevas empresas. Las cooperativas de ahorro y crédito proporcionan acceso al capital para las empresas, que se utiliza para financiar nuevos proyectos, contratar nuevosempleados y comprar equipos. Las cooperativas de crédito también ofrecen tasas de interés más bajas en los préstamos que los bancos tradicionales, lo que facilita que las empresas accedan al capital que necesitan para crecer.

Las cooperativas de ahorro y crédito también brindan acceso a educación financiera y unservicio a sus miembros, lo cual es beneficioso para las empresas. Las cooperativas de ahorro y crédito a menudo ofrecen seminarios y talleres sobre temas como presupuestos, administración de crédito y planificación comercial. Esto puede ayudar a las empresas a tomar decisiones más informadas sobre sus finanzas y puedeayudarles a hacer un mejor uso de sus recursos.

Las cooperativas de ahorro y crédito también proporcionan un sentido de comunidad y apoyo a sus miembros. Las cooperativas de ahorro y crédito a menudo organizan eventos y actividades que reúnen a los miembros y brindan un sentido de camaradería. Esto es beneficiosopara las empresas, ya que puede ayudar a fomentar las relaciones entre los miembros y crear una red de clientes y socios potenciales.

Las cooperativas de ahorro y crédito tienen un impacto positivo en el crecimiento empresarial y las nuevas empresas. Proporcionan acceso al capital.

Instituciones financieras de desarrollo comunitario

Las Instituciones Financieras de Desarrollo Comunitario (CDFI) son instituciones financieras especializadas que brindan acceso a capital y servicios financieros a poblaciones y comunidades desatendidas. Las CDFI suelen ser organizaciones sin finesde lucro certificadas por el Departamento del Tesoro de los Estados Unidos. Proporcionan capital a pequeñas empresas, empresarios y comunidades de bajos ingresos que pueden no tener acceso a los servicios bancarios tradicionales. Las CDFI se han vuelto cada vez más importantes para proporcionaracceso al capital y los servicios financieros a las poblaciones y comunidades desatendidas.

Las CDFI proporcionan acceso a capital y servicios financieros a empresarios, pequeñas empresas y comunidades de bajos ingresos que pueden no tener acceso a servicios bancarios tradicionales. Este acceso al capital y a los servicios financieros puede ayudar a las empresas a crecer y expandirse. Las CDFI también brindan asistencia técnica y capacitación empresarial para ayudar a los empresarios y las pequeñas empresas a tener éxito. Esta asistencia puede ayudar a las empresas a desarrollar e implementarplanes de negocios efectivos, acceder a capital y administrar sus finanzas.

Las nuevas empresas y las pequeñas empresas a menudo carecen de acceso a los servicios bancarios tradicionales y al capital. Las CDFI pueden proporcionar acceso a capital para ayudar a las nuevas empresas y pequeñas empresas a despegar ycrecer. Este acceso al capital puede ayudar a las empresas a expandirse, contratar más empleados y aumentar sus ingresos.

Financiamiento Mezzanine

El financiamiento mezzanine es una forma de capital que se utiliza para financiar el crecimiento empresarial y las nuevas empresas. Es un híbrido de financiamiento de deuda y capital y generalmente se usa cuando el financiamiento de deuda tradicional no está disponible o no es suficiente. La financiación intermedia es unaforma específica de financiación para empresas de nueva creación y pequeñas empresas, ya que es relativamente fácil de obtener y ofrece condiciones flexibles.

El financiamiento mezzanine generalmente se estructura como un préstamo con una tasa de interés más alta que un préstamo tradicional. El préstamo está garantizado por los activos de la compañía, pero el prestamista también recibe una participación de capital en la compañía. Esta participación accionaria le da al prestamista un mayor nivel de control sobre las operaciones de la compañía. La participación en el capital también proporciona al prestamista el potencial de un mayor retornoen su inversión si la empresa tiene éxito.

La financiación mezzanine es una oportunidad para financiar el crecimiento empresarial y las nuevas empresas. Proporciona a la empresa el capital que necesita para expandirse y crecer, al tiempo que proporciona al prestamista la potencia paraun mayor retorno de su inversión. La flexibilidad de los plazos y la capacidad de obtener financiación rápidamente lo convierten en una opción atractiva para muchas empresas.

La financiación intermedia también puede ser beneficiosa para las nuevas empresas. Puede proporcionar el capital necesariopara lanzar un negocio, y la participación en el capital le da al prestamista un mayor nivel de control sobre las operaciones de la compañía. Esto es beneficioso para las nuevas empresas porque puede proporcionar al prestamista la seguridad de que la empresa está siendo administrada   adecuadamente.

La financiación de Mezzanueve es un proceso maravilloso para financiar el crecimiento empresarial y las nuevas empresas. Proporciona a la empresa el capital que necesita para expandirse y crecer.

Financiamiento de regalías

La financiación de regalías es una forma de inversión de capital que permite a una empresa recibir capital adicional delos inversores a cambio de un porcentaje de las ventas futuras. Este tipo de financiación es beneficiosa tanto para la empresa como para el inversor, ya que proporciona a la empresa el capital que necesita para crecer y al inversor un rendimiento de su inversión.

El financiamiento de regalías es una excelente opción para nuevas empresas y pequeñas empresas que necesitan capital pero no tienen los recursos financieros para asegurar el financiamiento tradicional. Les permite recibir capital inicial sin tener que renunciar al capital o asumiruna deuda adicional. Este tipo de financiación también permite a la empresa mantener el control sobre su negocio, ya que no están obligados a ceder ninguna propiedad o control al inversor.

La financiación de regalías también puede ser beneficiosa para los inversores, ya que les proporcionaun flujo constante de ingresos. El inversor recibe un porcentaje de las ventas de la empresa, que es una gran fuente de ingresos pasivos. Este tipo de financiación también permite a los inversores diversificar su cartera, ya que pueden invertir en múltiples empresas y obtenerun rendimiento de su inversión sin tener que asumir riesgos adicionales.

El impacto de la financiación de regalías en el crecimiento empresarial y las nuevas empresas es significativo. Al proporcionar a las empresas el capital, necesitan crecer. La financiación de regalías puede ayudarles a ampliar sus operaciones y aumentar sus ingresos. Esto puede conducir a mayores ganancias y una mayor cuota de mercado, lo que puede ayudar a la empresa a ser más competitiva en su industria.

Para las nuevas empresas, la financiación de regalías puede proporcionar el capital que necesitan paraponer en marcha su negocio. Puede ayudarlos a lanzar su producto o servicio y llevarlo al mercado más rápido, lo que les permite comenzar a generar ingresos antes. Esto puede darles una ventaja competitiva

Bonos de Impacto Social

Los Bonos de Impacto Social (SIB) son una nueva forma definanciamiento que ha surgido en los últimos años como una forma de financiar programas sociales. Son un tipo de asociación público-privada que permite a los inversores privados financiar programas sociales a cambio de un retorno de su inversión si el programa tiene éxito. Los SIB están diseñados para ayudar a los gobiernos y organizaciones sin fines de lucro a financiar programas sociales innovadores que tienen el potencial de mejorar la vida de los ciudadanos y las comunidades.

La idea detrás de los SIB es que los inversores privados proporcionen el capital inicial para financiar un programa social, y luego reciban un retorno de su inversión si el programa tiene éxito. Este retorno se basa en los resultados del programa, como la reducción de las tasas de criminalidad o la mejora de los resultados educativos. Si el programa tiene éxito, el gobierno o la organización sin fines de lucro paga a los inversores con un retorno de su inversión.

Los SIB tienen el potencial de ser una herramienta poderosa para que los gobiernos y las organizaciones sin fines de lucro financien programas sociales innovadores. Se pueden utilizar para financiar programas que pueden no ser elegibles parala financiación tradicional del gobierno, como los programas que se centran en mejorar los resultados educativos. También proporcionan un incentivo para que los inversores privados financien programas que pueden no ser atractivos para los inversores tradicionales.

Los SIB tienen el potencial de ser un poderoso objetivo para elcrecimiento empresarial y las nuevas empresas. Al proporcionar una fuente de capital para programas sociales innovadores, los SIB pueden ayudar a las nuevas empresas y pequeñas empresas a acceder al capital que necesitan para crecer y tener éxito. Los SIB también pueden proporcionar un incentivo para que los inversores investiguenen nuevas empresas y pequeñas empresas, ya que pueden recibir un retorno de su inversión si el programa tiene éxito.

Patrocinios Corporativos

Los patrocinios corporativos son una forma cada vez más popular para que las empresas ganen visibilidad y reconocimiento en elmercado. Un patrocinio corporativo es un acuerdo entre una empresa y una organización o individuo, en el que la empresa proporciona apoyo financiero o de otro tipo a cambio del respaldo de la organización o individuo de los productos o servicios de la empresa. Los patrocinios corporativos pueden variar desde pequeños eventos locales hasta grandes campañas nacionales.

El principal beneficio de los patrocinios corporativos es una mayor visibilidad y reconocimiento de marca. Al patrocinar un evento u organización, las empresas pueden llegar a una amplia audienciay crear una imagen positiva para su marca. Esto puede conducir a un aumento de las ventas y la lealtad del cliente. Además, los patrocinios corporativos pueden ayudar a construir relaciones con clientes, socios y otras partes interesadas.

Los patrocinios corporativos también pueden tenerun impacto positivo en el crecimiento empresarial y las nuevas empresas. Al patrocinar un evento u organización, las empresas pueden obtener acceso a nuevos clientes y socios potenciales. Esto puede conducir a un aumento de las ventas y los ingresos, así como a una mayor cuota de mercado. Las empresaspueden ayudar a establecer relaciones con posibles inversores y socios, lo que puede conducir a un aumento de la financiación y los recursos.

Los patrocinios corporativos pueden ayudar a crear una imagen pública positiva para las empresas. Al patrocinar un evento u organización, los usuariospueden demostrar su compromiso con la comunidad y su voluntad de apoyar causas que son importantes para sus clientes. Esto puede ayudar a generar confianza y lealtad entre los clientes, lo que puede conducir a un aumento de las ventas y la lealtad del cliente.

En conclusión, los patrocinios corporativos pueden tener un impacto positivo en el crecimiento empresarial y las nuevas empresas. Al proporcionar apoyo financiero o de otro tipo a cambio del respaldo de la organización o individuo de los productos o servicios de la empresa, las empresas pueden obtener una mayor visibilidad, reconocimiento de marca y acceso a nuevos clientes.

Plataformas de recaudación de fondos en línea

Las plataformas de recaudación de fondos en línea se han vuelto cada vez más populares en los últimos años, ya que proporcionan una forma fácil y eficiente para que los empresarios y las empresas recauden dinero para sus proyectos. Las plataformas de recaudación de fondos en línea permiten a los empresarios y empresas llegar a un público más amplio y recaudar más dinero que los métodos tradicionales de recaudación de fondos.

Las plataformas de recaudación de fondos en línea han tenido un impacto significativo enel crecimiento del negocio. Estas plataformas permiten a las empresas llegar a un público más amplio que los métodos tradicionales de recaudación de fondos, lo que puede resultar en que se recaude más dinero. Las plataformas de recaudación de fondos en línea son a menudo más rentables que los métodos tradicionales, ya que requieren muchotiempo y esfuerzo para configurarlas y administrarlas. Esto puede resultar en que las empresas puedan ahorrar dinero e invertirlo en otras áreas de su negocio.

Además, las plataformas de recaudación de fondos en línea pueden ayudar a las empresas a establecer relaciones con sus donantes. Estas plataformas permiten a las empresas comunicarse con sus donantes y proporcionarles actualizaciones sobre su progreso. Esto puede ayudar a generar confianza entre la empresa y sus donantes, lo que puede resultar en más donaciones en el futuro.

Las plataformas de recaudación de fondos en líneason a menudo más rentables que los métodos tradicionales, ya que requieren menos tiempo y esfuerzo para configurar y administrar. Esto puede ayudar a las nuevas empresas a ahorrar dinero e invertirlo en otras áreas de su negocio.

Organizaciones empresariales locales

Las organizaciones empresariales localesson organizaciones formadas por empresas y empresarios locales para promover el crecimiento de las empresas en su área local. Estas organizaciones pueden proporcionar una variedad de servicios y recursos para ayudar a las empresas a crecer y tener éxito. Pueden proporcionar accesoa financiamiento, tutoría, oportunidades de creación de redes, asesoramiento comercial, recursos y más.

El impacto de las organizaciones empresariales locales en el crecimiento empresarial y las nuevas empresas es significativo. Estas organizaciones proporcionan una plataforma para que las empresas se conecten y colaboren entre sí, lo que puede conducir a una mayor innovación y crecimiento. También pueden proporcionar acceso a recursos y consejos que pueden ayudar a las empresas a tener éxito.

Las organizaciones empresariales locales también pueden ayudar a crear un sentido de comunidad entre las empresasde la zona. Esto puede conducir a un aumento de las oportunidades de colaboración y creación de redes, lo que puede ayudar a impulsar el crecimiento del negocio. También pueden proporcionar acceso a la financiación, que es invaluable para las nuevas empresas y las pequeñas empresas.

Las organizaciones empresariales localestambién pueden ayudar a promover la economía local. Al proporcionar recursos y asesoramiento a las empresas, pueden ayudar a crear puestos de trabajo y estimular el crecimiento económico. Esto puede tener un impacto positivo en el área local, ya que las empresas pueden crecer y contribuir a la economía local.

En conclusión, las organizaciones empresariales locales pueden tener un impacto significativo en el crecimiento empresarial y las nuevas empresas. Pueden proporcionar acceso a recursos, asesoramiento y financiación, así como crear un sentido de comunidad entre las empresas en elárea local. Esto puede ayudar a impulsar el crecimiento empresarial y estimular el crecimiento económico en el área local.

Bancos locales

Los bancos locales desempeñan un papel vital en el crecimiento económico de una región. Proporcionan servicios financieros a individuos, empresas y organizaciones,y ayudan a estimular el crecimiento económico al proporcionar acceso al capital. Los bancos locales también brindan una variedad de servicios a las empresas, como préstamos comerciales, líneas de crédito y servicios comerciales. Estos servicios pueden ser invaluables para las empresas, particularmente las nuevas empresas, ya que brindan acceso al capital y la capacidad de administrar el flujo de efectivo.

Los bancos locales tienen un impacto significativo en el crecimiento del negocio. Proporcionan acceso al capital, que es esencial para que las empresas crezcan y se expandan. Las empresas pueden utilizar el capitalproporcionado por los bancos locales para comprar equipos, contratar nuevos empleados y abrir nuevas ubicaciones. Los bancos locales brindan una variedad de servicios a las empresas, como préstamos comerciales, líneas de crédito y servicios comerciales. Estos servicios pueden ayudar a las empresas a administrar su flujo de efectivo y pueden ser invaluables para las nuevas empresas, ya que brindan acceso al capital y la capacidad de administrar el flujo de efectivo.

Los bancos locales pueden ser particularmente beneficiosos para las nuevas empresas. Las empresas emergentes a menudo tienen un acceso limitado al capital, y los bancos locales puedenproporcionar el capital necesario para ayudarlas a despegar.

Inversores locales

Los inversores locales pueden tener un impacto significativo en el crecimiento de las empresas y las nuevas empresas. Los inversores locales son individuos u organizaciones que invierten en negocios o nuevas empresas ensu área local. Pueden proporcionar capital, recursos y experiencia para ayudar a las empresas y nuevas empresas a crecer y tener   éxito.

Los beneficios de los inversores locales son numerosos. Los inversores locales pueden proporcionar capital a empresas y nuevas empresas que pueden no ser capaces de acceder a las fuentes tradicionales de financiación. También pueden proporcionar asesoramiento y orientación para ayudar a las empresas y nuevas empresas a tomar mejores decisiones. Los inversores locales pueden proporcionar acceso a redes y recursos que pueden ayudar a las empresas y nuevas empresas a crecer.

Los inversores localestambién pueden tener un impacto positivo en la economía local. Al invertir en empresas locales y nuevas empresas, los inversores locales pueden ayudar a crear empleos, estimular el crecimiento económico y generar ingresos fiscales. Esto puede ayudar a crear una economía local más vibrante   y   próspera.

Los inversores locales también pueden ayudar a fomentar la innovación y el espíritu empresarial. Al invertir en empresas locales y nuevas empresas, los inversores locales pueden ayudar a crear un entorno que fomente la innovación y el espíritu empresarial. Esto puede conducir al desarrollo de nuevos productos y servicios, que pueden crear nuevos puestos de trabajo y oportunidades económicas.

Los inversores locales pueden ayudar a crear un sentido de comunidad. Al invertir en empresas locales y empresas emergentes, los inversores locales pueden ayudar a crear un sentido de orgullo y propiedad en la comunidad local. Esto puede ayudar a crear un sentido más fuerte de comunidad y puede ayudar a fomentar una economía local más vibrante.

Fondos de Inversión Regionales

Los fondos de inversión regionales (RIF) son un tipo de fondo de capital riesgo que invierte en empresas ubicadas en una región específica. Los RIF suelen ser administrados por una empresa de inversión profesional y están diseñados para proporcionar capital a las empresas de la región con el fin de estimular el crecimiento económico y la creación de empleo. Los RIF se utilizan a menudo para financiar nuevas empresas y pequeñas empresas quepueden no ser capaces de acceder a las fuentes tradicionales de capital.

El impacto de los RIF en el crecimiento empresarial y las nuevas empresas puede ser significativo. Los RIF proporcionan acceso a capital que puede no estar disponible de fuentes tradicionales, como bancos o empresas de capital de riesgo. Esto es especialmente beneficioso para las nuevas empresas y las pequeñas empresas que pueden no tener los recursos para acceder al capital de otras fuentes. Los RIF pueden proporcionar una fuente de capital para las empresas que pueden no tener la garantía o el historial de crédito para obtener un préstamo de un banco.

Los RIF también pueden proporcionar a las empresas acceso a inversores y asesores experimentados que pueden proporcionar orientación y asesoramiento sobre cómo utilizar mejor el capital para hacer crecer el negocio. Esto es especialmente beneficioso para las nuevas empresas y las pequeñas empresas que pueden no tener acceso a asesores experimentados.

Los RIF también pueden ayudar a crear empleos en la región. Al invertir en empresas de la región, los RIF pueden ayudar a crear nuevos empleos y estimular el crecimiento económico. Esto es especialmente beneficioso para las regiones que pueden estar luchandoeconómicamente.

Los RIF pueden tener un impacto significativo en el crecimiento del negocio y las nuevas empresas. Al proporcionar acceso a capital y asesores experimentados, los RIF pueden ayudar a las empresas a crecer y crear empleos en la región.

Bancos Regionales de Desarrollo

Losbancos regionales de desarrollo (RDB) son instituciones financieras especializadas que proporcionan préstamos, subvenciones y otra asistencia financiera a empresas e individuos en una región en particular. Los RDB suelen ser establecidos por los gobiernos para promover el desarrollo económico en unaregión específica y para proporcionar acceso al capital a empresas e individuos que de otro modo no tendrían acceso a fuentes tradicionales de financiamiento.

Los RDB tienen un impacto significativo en el crecimiento empresarial y las nuevas empresas. Al proporcionar acceso al capital, los RDB permitena las empresas expandir sus operaciones y contratar empleados adicionales. Este aumento de la actividad económica puede conducir a la creación de empleo, el aumento de los salarios y el aumento del crecimiento económico en la región. Los RDB pueden proporcionar asistencia técnica y asesoramiento a las empresas, lo que puede ayudarles a ser más competitivas y exitosas.

Los RDB también proporcionan financiamiento a las nuevas empresas, lo cual es fundamental para el éxito de un nuevo negocio. Las nuevas empresas a menudo carecen del capital necesario para lanzar su negocio, y los RDB pueden proporcionar los fondos necesarios paraponer en marcha el negocio. Los RDB pueden proporcionar asesoramiento y orientación a las nuevas empresas, lo que puede ayudarlas a navegar por las complejidades de iniciar un negocio.

Los RDB pueden proporcionar acceso al capital a personas que de otro modo no tendrían acceso afuentes adicionales de financiación. Esto es especialmente beneficioso para las personas que se encuentran en grupos de bajos ingresos o que tienen un historial de crédito deficiente. Al proporcionar acceso a capital, los RDB pueden ayudar a las personas a iniciar negocios, comprar viviendas y financiar otras inversiones importantes.

Fondos de inversión comunitarios

Los Fondos de Inversión Comunitaria (CIF) son un tipo de instrumento financiero que proporciona capital a empresas y nuevas empresas en comunidades desatendidas. Estos fondos están diseñados para ayudar a estimular el desarrollo económico y la creación de empleo en áreas que a menudo son pasadas por alto por los prestamistas tradicionales. Los CIF suelen ser financiados por fuentes públicas y privadas, incluidas subvenciones gubernamentales, fundaciones e inversiones corporativas.

El objetivo principal de los CIF es proporcionar capital a las empresas y nuevas empresas en comunidades desatendidas, permitiéndoles crecer y crear empleos. Este tipo de inversión puede tener un impacto positivo en la economía local, ya que las empresas pueden expandirse y contratar más empleados. Los CIF pueden ayudar a reducir la pobreza y la desigualdad en la comunidad al proporcionar acceso al capital para aquellos que de otra manera no tendrían acceso al financiamiento tradicional.

Los CIF también pueden proporcionar un impulso a las nuevas empresas y pequeñas empresas. Al proporcionar capital a estas empresas, los CIF pueden ayudarlas a crecer y ser más competitivas en sus respectivos mercados. Esto puede conducir a un aumento de las ventas y las ganancias, lo que a su vez puede conducir a más empleos y crecimiento económico   en   la   comunidad.

Los CIF también pueden ayudar a atraer nuevas empresas a la zona. Al proporcionar capital a nuevas empresas y pequeñas empresas, los CIF pueden ayudar a crear un entorno empresarial más atractivo en la comunidad. Esto puede atraer a nuevas empresas y empresarios, lo que puede conducir a una mayor actividad económica y creación de empleo.

Fondos de Inversión Pública

Los fondos de inversión pública (PIF) son vehículos de inversión patrocinados por el gobierno que se utilizan para financiar proyectos públicos y estimular el crecimiento económico. Los PIF suelen ser administrados por una agencia gubernamental o una entidad privada, y pueden usarse para financiaruna variedad de proyectos, que incluyen infraestructura, vivienda, educación, atención médica y tecnología.

El propósito principal de los PIF es estimular el crecimiento económico y el desarrollo en una región o país. Al invertir en proyectos públicos, los PIF pueden ayudar a crear empleos, atraer nuevas empresas y generar ingresos para el gobierno. Los PIF pueden ayudar a reducir la pobreza y la desigualdad al proporcionar acceso al capital para aquellos que no pueden acceder al financiamiento tradicional.

Los PIF pueden tener un impacto significativo en el sector empresarialy en las nuevas empresas. Al proporcionar acceso al capital, los PIF pueden ayudar a los empresarios y las pequeñas empresas a despegar y expandirse. Los PIF también pueden proporcionar acceso a nuevos mercados y tecnologías, lo que puede ayudar a las empresas a crecer y ser más competitivas. Las FIP pueden proporcionar acceso a asistencia técnica y tutoría, lo que puede ayudar a las empresas a desarrollarse y tener éxito.

Los PIF también pueden tener un impacto en la economía local. Al invertir en proyectos locales, los PIF pueden ayudar a crear empleos y estimular la actividad económica. Los PIF pueden ayudar a atraer nuevos negocios e inversiones a la zona, lo que puede conducir a un mayor crecimiento económico.

Préstamos respaldados por el gobierno

Los préstamos respaldados por el gobierno son préstamos emitidos por bancos u otras instituciones financieras y están respaldados por una garantía del gobierno. Estos préstamos están diseñados para ayudar a las empresas a crecer y a las nuevas empresas a despegar. El gobierno proporciona una garantía al prestamista de que el préstamo será reembolsado, incluso si el negocio fracasa. Esto reduce el riesgo para el prestamista, ya que esmás probable que aprueben el préstamo.

Los préstamos respaldados por el gobierno son beneficiosos para las empresas porque generalmente tienen tasas de interés más bajas que los préstamos tradicionales. Esto los hace más asequibles para las empresas, permitiéndoles acceder al capital que necesitan para crecer y expandirse. Estos préstamos a menudo tienen plazos de pago más flexibles, lo que los hace más fáciles de administrar.

Los préstamos respaldados por el gobierno también pueden ayudar a las empresas a acceder a capital que tal vez no puedan obtener de los prestamistas tradicionales. Esto es especialmente cierto **para** las nuevas empresas, que a menudo carecen del historial crediticio o la garantía necesarios para obtener un préstamo de un banco. Los préstamos respaldados por el gobierno pueden proporcionar el capital necesario para que un negocio despegue.

La disponibilidad de préstamos respaldados por el gobierno también puede tenerun impacto positivo en la economía. Al proporcionar a las empresas acceso al capital, estos préstamos pueden ayudar a crear empleos y estimular el crecimiento económico. Las tasas de interés más bajas asociadas con estos préstamos pueden ayudar a las empresas a ahorrar dinero, que puede reinvertirse enel negocio o utilizarse para contratar más empleados.

Pequeñas empresas de inversión

Las Compañías de Inversión para Pequeñas Empresas (SBIC) son firmas privadas de capital de riesgo que proporcionan capital y asistencia a las pequeñas empresas. Estas compañías están autorizadas y reguladaspor la Administración de Pequeños Negocios (SBA) y están diseñadas para ayudar a las pequeñas empresas a crecer y expandirse. Las SBIC proporcionan una variedad de servicios, incluyendo capital de riesgo, financiamiento de deuda y asistencia de gestión.

Las SBIC proporcionan una valiosa fuente de capital parapequeñas empresas, especialmente aquellas que no pueden obtener financiamiento de fuentes tradicionales. Las SBIC pueden proporcionar una variedad de opciones de financiamiento, incluidas inversiones de capital, financiamiento de deuda y capital de riesgo. Las SBIC también proporcionan asistencia de gestión, como planificación estratégica, investigación de mercado y servicios de desarrollo empresarial.

El impacto de las SBIC en el crecimiento empresarial y las nuevas empresas es significativo. Las SBIC proporcionan una fuente de capital que a menudo no está disponible para las pequeñas empresas de los productos tradicionales. Este capital permite a las pequeñas empresas expandir sus operaciones, contratar empleados adicionales y comprar nuevos equipos. Además, la asistencia de gestión proporcionada por las SBIC puede ayudar a las pequeñas empresas a desarrollar estrategias eficaces para el crecimiento y el éxito.

Las SBIC también proporcionan una valiosa fuente de capital para las nuevas empresas. Las nuevas empresas a menudo carecen del capital necesario para lanzar su negocio y crecer. Las SBIC pueden proporcionar el capital necesario para ayudar a las nuevas empresas a despegar y crecer. Además, la asistencia de gestiónproporcionada por las SBIC puede ayudar a las nuevas empresas a desarrollar estrategias efectivas para el crecimiento y el éxito.

Deuda subordinada

La deuda subordinada es un tipo de deuda que tiene una prioridad más baja que otras obligaciones de deuda en caso de liquidación de una empresa. También se conoce como deuda junior o préstamo subordinado. La deuda subordinada generalmente no está garantizada y tiene tasas de interés más altas que otras formas de deuda.

La deuda subordinada es una herramienta útil para que las empresas obtengan capital. Proporciona una fuente de financiaciónque no es tan costosa como el capital y se utiliza para financiar una variedad de actividades, como expansión, adquisiciones y refinanciamiento. La deuda subordinada también se puede utilizar para aumentar el apalancamiento de una empresa, lo que puede ayudar a aumentar los rendimientos de los accionistas.

La deuda subordinada es beneficiosa para las start-ups, ya que puede ayudarles a conseguir financiación sin tener que renunciar al capital de la empresa. También se puede utilizar para financiar actividades que de otro modo serían demasiado costosas para la empresa financiar con capital.

La deuda subordinada también puede ser beneficiosa para las empresas que buscan crecer. Puede proporcionar una fuente de financiamiento que no es tan costosa como el capital y se utiliza para financiar actividades como expansión, adquisiciones y refinanciamiento. El uso de deuda subordinada también puede ayudar a aumentar el apalancamiento de una empresa, lo que puede ayudar a aumentar los rendimientos para los accionistas.

La deuda subordinada también puede ayudar a reducir el riesgo de quiebra de una empresa. En caso de liquidación de una empresa, los tenedores de deuda subordinada son pagados después de otros acreedores, lo que puede ayudar a reducir el riesgo de pérdidas para la empresa.

Financiamiento de Incremento de Impuestos

El Financiamiento de Incremento de Impuestos (TIF) es una herramienta de financiamiento público utilizada para financiar proyectos de infraestructura pública y desarrollo. Es una forma de quelas empresas locales financien proyectos que de otro modo serían demasiado caros de financiar a través de medios tradicionales. TIF se utiliza para atraer la inversión privada y estimular el crecimiento económico en un área específica.

TIF funciona al permitir que un gobierno local capture los ingresos por impuestos a la propiedad generados por un proyecto de desarrollo y los use para financiar el proyecto. El aumento de los ingresos por impuestos a la propiedad se conoce como el "incremento de impuestos" y es la diferencia entre la cantidad de ingresos por impuestos a la propiedad generados antes del proyecto y la cantidadgenerada después de que se complete el proyecto.

TIF es una opción de financiamiento atractiva para las empresas porque les permite acceder a fondos para proyectos sin tener que asumir deudas adicionales. Esto es especialmente beneficioso para las nuevas empresas y las pequeñas empresas que pueden no tener acceso a las opciones de financiación tradicionales.

TIF también se puede utilizar para financiar proyectos de infraestructura pública como carreteras, puentes y transporte público. Estos proyectos pueden ayudar a crear un entorno más atractivo para los autobuses, lo que puede conducir a un mayor crecimiento económico y a la creación de empleo.

TIF también se puede utilizar para financiar servicios públicos como escuelas, bibliotecas y parques. Estos servicios pueden contribuir a crear un entorno más atractivo para las empresas, lo que puede conducir a un crecimiento económico creciente y a la creación de empleo.

Préstamos comerciales no garantizados

Los préstamos comerciales no garantizados son un tipo de financiamiento que no requiere garantía para ser utilizado como garantía. A menudo son utilizados por pequeñas empresas y nuevas empresas para financiar sus operaciones y crecimiento.

La principal ventaja de los préstamos comerciales no garantizados es que son más fáciles de obtener que los préstamos garantizados. Esto se debe a que el prestamista no tiene que preocuparse de que el prestatario incumpla con el préstamo, ya que no hay garantía para recuperar en caso de incumplimiento. Esto los hace atractivos para las empresas que pueden no tener los activos para asegurar un préstamo.

Otra ventaja de los préstamos comerciales no garantizados es que pueden proporcionar a las empresas acceso al capital rápidamente. Esto es especialmente beneficioso para las nuevas empresas, ya que a menudo necesitan acceso a fondos rápidamente para que su negocio despegue.

La desventaja de los préstamos comerciales no garantizados es que tienden a tener tasas de interés más altas que los préstamos garantizados. Esto se debe a que el prestamista está asumiendo más riesgos al no tenerninguna garantía para recuperar en caso de incumplimiento.

Además, los préstamos comerciales no garantizados son difíciles de obtener. Esto se debe a que los prestamistas a menudo dudan en prestar dinero a empresas que no tienen ningún activo para garantizar el préstamo.

A pesar de las mejorestasas de interés y la dificultad para obtenerlas, los préstamos comerciales no garantizados son buenos para que las empresas accedan rápidamente al capital. Esto es especialmente beneficioso para las nuevas empresas, ya que a menudo necesitan acceso a fondos rápidamente para que su negocio despegue.

Préstamos comerciales del USDA

El Departamento de Agricultura de los Estados Unidos (USDA) proporciona préstamos comerciales a pequeñas empresas y nuevas empresas en áreas rurales. Estos préstamos están diseñados para ayudar a las empresas a crecer y expandirse, crear empleos y mejorar la economía local. El USDA proporciona préstamos directos y garantizados a las empresas, y los términos y condiciones varían según el tipo de préstamo.

Los préstamos directos se proporcionan directamente del USDA a la empresa. Estos préstamos se utilizan normalmente para la expansión de negocios, compras de equipos y capital de trabajo. Los términos del préstamo pueden variar, pero generalmente incluyen una tasa de interés fija y plazos de pago de hasta 30 años. El monto del préstamo se basa en la solvencia del prestatario y el propósito del préstamo.

Los préstamos garantizadosson proporcionados por prestamistas privados, pero están respaldados por el USDA. Estos préstamos se utilizan típicamente para la creación de empresas y expansiones, y los términos y condiciones del préstamo son determinados por el prestamista. El monto del préstamo se basa en la solvencia del prestatarioy el propósito del préstamo.

El programa de préstamos comerciales del USDA ha tenido un impacto positivo en las empresas y nuevas empresas en las zonas rurales. Estos préstamos han permitido a las empresas expandirse y crear puestos de trabajo, lo que ha contribuido a mejorar la economía local. Los préstamos también han permitido a las empresas comprar equipos y capital de trabajo, lo que les ha ayudado a ser más competitivas y rentables.

Financiación de proveedores

La financiación de proveedores es un tipo de financiación que proporciona un vendedor o proveedor a un cliente. Es una forma de financiamiento a corto plazo que se utiliza para comprar bienes o servicios de un vendedor o proveedor. El financiamiento de proveedores a menudo es utilizado por las empresas para comprar inventario, equipos u otros bienes y servicios de un proveedor o proveedor.

La financiación del proveedor es beneficiosa tanto para el proveedor como para el cliente. Para el proveedor, puede proporcionar un flujo constante de ingresos y ayudar a fidelizar a los clientes. Para el cliente, puede proporcionar acceso a los bienes y servicios necesarios sin tener quepagar por adelantado. Esto es especialmente beneficioso para las pequeñas empresas y las nuevas empresas, que pueden no tener los recursos para pagar grandes compras por adelantado.

La financiación de proveedores puede tener un impacto positivo en el crecimiento del negocio y las nuevas empresas. Proporcionar acceso a los servicios y servicios necesariossin tener que pagar por adelantado puede ayudar a reducir los costos y aumentar el flujo de caja. Esto puede ayudar a las empresas a crecer y expandirse, así como permitirles aprovechar oportunidades que pueden no haber estado disponibles sin el financiamiento.

La financiación de proveedores también puede ser beneficiosa para las nuevas empresas. Proporcionar acceso a los bienes y servicios necesarios sin tener que pagar por adelantado puede ayudar a reducir los costos y aumentar el flujo de caja. Esto puede ayudar a las nuevas empresas a despegar y comenzar a generar ingresos. También puede ayudar a fidelizar a los clientes, ya que es más probable que los clientes compren a un proveedor que proporciona financiamiento.

Centros empresariales para mujeres

Los Centros de Empresas para Mujeres (WBC) son un tipo de incubadora de empresas que proporciona recursos y apoyo alas mujeres empresarias. Los glóbulos blancos están diseñados para ayudar a las mujeres a iniciar, crecer y mantener sus negocios. Proporcionan una gama de servicios, que incluyen desarrollo de planes de negocios, educación financiera, acceso a capital, tutoría y oportunidades de creación de redes. Los WBC también brindan acceso a recursos como investigación de mercado, coaching empresarial y asesoramiento legal.

El impacto de los glóbulos blancos en el crecimiento empresarial y las nuevas empresas es significativo. Los WBC proporcionan los recursos y el apoyo necesarios para que las mujeres inicien y hagan crecer sus negocios. Proporcionan acceso a capital, tutoría y oportunidades de creación de redes, lo cual es invaluable para los empresarios. Los WBC también brindan acceso a recursos como investigación de mercado, coaching empresarial y asesoramiento legal, que pueden ayudar a los empresarios a tomar decisiones informadas y aumentar sus posibilidades de éxito.

También se ha demostrado que los glóbulos blancos tienen un impacto positivo en el crecimiento económico de las comunidades. Los estudios han encontrado que los glóbulos blancos tienen un efecto positivo en la creación de empleo, el desarrollo económico y la salud económica general de las comunidades. También se ha encontrado que los glóbulos blancos tienen un efecto positivo en el número de empresas propiedad de mujeres en un área, lo que puede conducir a una mayor actividad económica.

Préstamos de capital de trabajo

Los préstamos de capital de trabajo son un tipo de préstamo que ayuda alas empresas a cubrir los gastos a corto plazo. Estos préstamos generalmente se usan para cubrir gastos como nómina, inventario y otros costos operativos. Los préstamos de capital de trabajo son importantes para las empresas, ya que proporcionan los fondos necesarios para mantener las operaciones funcionando correctamente.

El impacto de los préstamos de capital de trabajo en el crecimiento empresarial y la creación de empresas es significativo. Los préstamos de capital de trabajo proporcionan a las empresas los fondos que necesitan para cubrir los gastos a corto plazo e invertir en el crecimiento a largo plazo. Para las nuevas empresas, los préstamos de capital de trabajo pueden proporcionar los fondos necesarios para que el negocio despegue. Se utilizan para comprar equipos, contratar personal y cubrir otros costos iniciales.

Los préstamos de capital de trabajo también pueden ayudar a las empresas a expandirse y crecer. Los fondos se pueden utilizar para comprar inventario adicional, contratar más personal e invertir en marketing y publicidad. Esto puede ayudar a las empresas a llegar a nuevos clientes y aumentar las ventas. Los préstamos de capital de trabajo pueden ayudar a las empresas a administrar el flujo de efectivo y reducir el riesgo de quedarse sin dinero.

CAPÍTULO DOCE

Utilice la tecnología para aumentar la eficiencia

La tecnología se ha convertido en una parte integral de las operaciones comerciales en el mundo moderno. Ha permitido a las empresas aumentar su eficiencia y productividad, al tiempo que reduce los costos. La tecnología también ha permitido a las empresas llegar a nuevos mercados y clientes, al tiempo que les brinda nuevas oportunidades para crecer y expandirse.

La tecnología ha tenido un impacto significativo en la eficiencia empresarial. La tecnología ha permitido a las empresas automatizar procesos, realizar operaciones de tesorería y reducir costos. La automatización ha permitido a las empresas reducir el tiempo y el esfuerzo necesarios para completar las tareas, al tiempo que reduce la necesidad de mano de obra. La tecnología ha permitido a las empresas acceder y analizar datos de forma más rápida y *precisa, lo que les permite tomar mejores decisiones y obtener una ventaja competitiva.*

La tecnología también ha permitido a las empresas llegar a nuevos mercados y clientes. Al utilizar herramientas de marketing digital, las empresas pueden llegar a un público más amplio y aumentar subase de clientes. La tecnología ha permitido a las empresas proporcionar un mejor servicio al cliente, lo que puede conducir a una mayor lealtad y satisfacción del cliente.

La tecnología ha tenido un impacto significativo en el crecimiento empresarial y las nuevas empresas. La tecnología ha permitidoa las empresas escalar de forma rápida y eficiente, al tiempo que reduce el costo de hacer negocios. La tecnología también ha permitido a las empresas acceder a nuevos mercados y clientes, al tiempo que les brinda nuevas oportunidades para crecer y expandirse.

¿Cuáles son las tecnologías que puede utilizar para aumentar la eficiencia empresarial?

Automatización de procesos de atención al cliente.

- **Automatice las consultas de servicio al cliente:** utilice chatbots automatizados para responder a las consultas de los clientes y proporcionar un servicio básico al cliente. Esto puede ayudar a reducir el número de consultas de servicio al cliente y liberar tiempo para que los agentes de servicio al cliente se centren en problemas más complejos.

- **Automatice los procesos de** servicio al cliente: Utilice la automatización para agilizar los procesos de servicio al cliente. Esto puede incluir la automatización del cumplimiento de pedidos, la incorporación de clientes y los comentarios de los clientes. La automatización de estos procesos puede ayudar a reducir el trabajo manual y liberar tiempo para que los agentes de servicio al cliente se centren en problemas más complejos.

- **Automatice el análisis del servicio al cliente:** utilice el análisis para obtener información sobre el rendimiento del servicio al cliente. Esto puede ayudar a identificar áreas de mejora y permitir que los agentes de servicio al cliente atiendan mejor a los clientes.

- **Automatice la retroalimentacióndel servicio al cliente:** Utilice sistemas automatizados de retroalimentación para recopilar la retroalimentación de los clientes. Esto puede ayudar a identificar áreas de mejora y permitir que los agentes de servicio al cliente atiendan mejor a los clientes.

- **Automatice las notificaciones de servicio al cliente:** Utilice notificacionesautomatizadas para mantener a los clientes informados sobre sus pedidos, el estado de la cuenta y otra información importante. Esto puede ayudar a reducir la frustración del cliente y mejorar el servicio al cliente.

Implementación de soluciones basadas en la nube para el almacenamiento y el intercambio de datos.

Las soluciones basadas en la nubeson cada vez más populares para el almacenamiento y el intercambio de datos para el crecimiento empresarial y las nuevas empresas. Las soluciones basadas en la nube ofrecen una serie de ventajas, que incluyen ahorro de costos, escalabilidad y flexibilidad. También proporcionan un entorno seguro para el almacenamiento y el uso compartido de datos.

- **Ahorro de costos:** Las soluciones basadas en la nube suelen ser más rentables que las soluciones locales tradicionales. Esto se debe a que las empresas no necesitan comprar y mantener hardware o software costoso. En cambio, pueden pagar por los serviciosque necesitan en una base de pago por uso.

- **Escalabilidad:** Las soluciones basadas en la nube son altamente escalables, lo que significa que las empresas pueden aumentar o disminuir fácilmente su uso según sus necesidades. Esto es particularmente útil para las nuevas empresas, que pueden necesitar ampliar rápidamente sus servicios a medida que crece su negocio.

- **Flexibilidad:** Las soluciones basadas en la nube también son altamente flexibles, lo que permite a las empresas acceder a sus datos desde cualquier parte del mundo. Esto es especialmente útil para empresas con múltiples ubicaciones o empleados que viajan con frecuencia.

- **Seguridad:** Las soluciones basadas en la nubeson altamente seguras, ya que proporcionan servicios de cifrado y autenticación para proteger los datos del acceso no autorizado. Esto es especialmente importante para las empresas que manejan información confidencial, como datos financieros o de clientes.

Las soluciones basadas en la nube son una opción ideal

para las empresas que buscan almacenar y compartir datos para el crecimiento empresarial y las nuevas empresas. Ofrecen ahorro de costos, escalabilidad, flexibilidad y seguridad, lo que los convierte en una excelente opción para empresas de todos los tamaños.

Uso de análisis para rastrear el comportamiento y las preferencias de los clientes.

Analytics es una herramienta poderosa para que las empresas rastreen el comportamiento y las preferencias de los clientes con el fin de obtener información sobre las necesidades y preferencias de los clientes. Esto se utiliza para informar las decisiones sobre el desarrollo de productos, estrategias de marketingy servicio al cliente.

Las empresas pueden usar análisis para rastrear el comportamiento y las preferencias de los clientes de varias maneras. Pueden rastrear el historial de compras del cliente, el uso del sitio web y la aplicación, y las revisiones en línea. Estos datos se utilizan para identificar las necesidades y preferencias de los clientes, y para desarrollar campañas de marketing dirigidas y ofertas de productos.

Analytics también se puede utilizar para rastrear el compromiso del cliente con las cuentas de redes sociales de una empresa. Esto puede ayudar a las empresas a comprender qué contenido resuena con los clientes y quépublicaciones tienen más probabilidades de generar compromiso.

Para las nuevas empresas, los análisis se utilizan para

rastrear el comportamiento y las preferencias de los clientes con el fin de obtener información sobre las necesidades y preferencias de los clientes. Esto puede ayudar a las empresas emergentes a identificar las necesidades de los clientes y desarrollar productos yservicios que satisfagan esas necesidades. La analítica también puede ayudar a las nuevas empresas a identificar mercados potenciales y dirigirse a ellos con campañas de marketing personalizadas.

Herramientas de marketing online para llegar a nuevos clientes.

- **Optimización de motores de búsqueda (SEO):** SEO es una herramienta poderosa para poner su negocio frente a clientes potenciales. Implica optimizar su sitio web y contenido para obtener una clasificación más alta en los resultados de los motores de búsqueda, lo que facilita que los clientes lo encuentren.

- **Social Media Marketing:** las redes sociales son una forma efectiva de llegar a nuevos clientes y construir relaciones con ellos. Puede usar plataformas para compartir contenido, interactuar con los clientes y promocionar su negocio.

- **Marketing de contenidos:** El marketing de contenidos es una forma única de atraer nuevos clientes y generar confianza con ellos. Puede crear publicaciones de blog, videos y otros tipos de contenido para proporcionar información valiosa a su audiencia y mostrarles por qué deberían elegir su negocio.

- **Marketing por** correo electrónico: El marketing por correo electrónico es una forma suave de mantenerse en contacto con los clientes existentes y llegar a los nuevos. Puede usar boletines informativos por correo electrónico para compartir actualizaciones, promociones y otro contenido para mantener a los clientes comprometidos e interesados en su negocio.

- **Publicidad de pago por clic:** la publicidad de pago por clic (PPC) es una forma en línea de poner su negocio frente a clientes potenciales rápidamente. Puede usar plataformas para crear anuncios que se orienten a palabras clave específicas y aparezcan cuando los clientes busquen esos términos.

Bots ch impulsados por IA para mejorar el servicio al cliente.

Los chatbots impulsados por IA se pueden utilizar para mejorar el servicio al cliente para el crecimiento empresarial y las nuevas empresas de varias maneras. Los chatbots se utilizan para automatizar las consultas de servicio al cliente, proporcionar un servicio al cliente personalizado e incluso proporcionar atención al cliente las 24 horas del día, los 7 días de la semana.

Los chatbots se utilizan para responder a las consultas de los clientes de forma rápida y precisa. Esto puede ayudar a reducir los tiempos de espera de los clientes y mejorar su satisfacción. Los chatbots también se pueden utilizar para proporcionar un servicio al cliente personalizado. Mediante el uso del procesamiento del lenguaje natural impulsado por IA, los chatbots pueden comprender las consultas de los clientes y proporcionar respuestas personalizadas.

Los chatbots también se pueden utilizar para proporcionar atención al cliente las 24 horas del día, los 7 días de la semana. Esto es especialmente beneficioso para las nuevas empresas que pueden no tener los recursospara proporcionar servicio al cliente durante todo el día. Los chatbots impulsados por IA se utilizan para responder a las consultas de los clientes y brindar soporte en cualquier momento del día o de la noche.

Los chatbots impulsados por IA se utilizan para recopilar datos de los clientes. Estos datos se utilizan para obtener información sobre el comportamiento y las preferencias personalizadas, lo que puede ayudar a las empresas a mejorar sus productos y servicios. Mediante el uso de chatbots impulsados por IA, las empresas pueden obtener información valiosa sobre sus clientes y utilizar estos datos para mejorar su servicio al cliente y hacer crecer su negocio.

Plataformas de redes sociales para interactuar con los clientes.

Las plataformas de redes sociales son una forma segura de interactuar con los clientes y hacer crecer su negocio. Proporcionan una plataforma para que las empresas interactúen con sus clientes, establezcan relaciones y aumenten la concienciade marca.

El primer paso para usar las redes sociales para el crecimiento empresarial es crear una presencia en las principales plataformas de redes sociales. Esto incluye la creación de cuentas en todas las principales plataformas de redes sociales. Una vez configuradas estas cuentas, las empresas deben comenzar arelacionarse con sus clientes. Esto se hace a través de publicaciones, comentarios y mensajes.

Las empresas también deben utilizar las redes sociales para promocionar sus productos y servicios. Esto se hace a través de publicaciones, anuncios y contenido patrocinado. Las empresas deben usar las redes sociales para construir relaciones con sus clientes. Esto se hace respondiendo a comentarios y mensajes, participando en conversaciones y proporcionando consejos e información útiles.

Las empresas también deben usar las redes sociales para crear contenido que sea relevante para suindustria. Esto puede incluir publicaciones de blog, videos y podcasts. Las empresas deben usar las redes sociales para mantenerse al día con las tendencias y noticias de la industria. Esto se hace siguiendo a los líderes de la industria y personas influyentes.

Las empresas deben usar las redes sociales para

medirel éxito de sus campañas. Esto se hace a través del seguimiento de me gusta, comentarios y acciones. Las empresas deben utilizar herramientas de análisis para medir el alcance y el compromiso de sus publicaciones.

El uso de las redes sociales para el crecimiento empresarial y la puesta en marcha es un proceso definitivo para interactuar con los clientes, construir relaciones y aumentar el conocimiento de la marca. Al crear una presencia en las principales plataformas de redes sociales, interactuar con los clientes, promocionar productos y servicios, crear contenido y medir el éxito, las empresas pueden usar los medios socialespara hacer crecer su negocio y llegar a nuevos clientes.

Videoconferencia para conectar con equipos remotos.

La videoconferencia es una tecnología que permite a las personas comunicarse entre sí a través de Internet mediante video y audio. Se ha vuelto cada vez máspopular en los últimos años, ya que permite a las personas mantenerse en contacto con sus colegas, amigos y familiares, incluso cuando no están físicamente presentes.

- La videoconferencia se puede utilizar para conectar equipos remotos, lo que les permite colaborar en proyectos, compartir ideas y mantenerse al día sobre los últimos desarrollos. También se puede utilizar para capacitación y educación remotas, así como para reuniones y conferencias virtuales. Con la ayuda de las videoconferencias, las empresas pueden ahorrar tiempo y dinero al eliminar lanecesidad de viajar, al tiempo que permiten una comunicación productiva y eficiente.

- La videoconferencia se ha convertido en una forma cada vez más popular para que las empresas se conecten con equipos remotos y faciliten la colaboración. Se ha convertido en una herramienta invaluable para empresas de todos los tamaños, desde pequeñas empresas emergentes hasta grandes corporaciones. La videoconferencia ofrece una serie de beneficios que pueden ayudar a las empresas a crecer y tener éxito.

- El beneficio más obvio de la videoconferencia es la capacidad de conectarse con equipos remotos. Esto permite a las empresas colaborar con equipos que se encuentran en diferentes partes del mundo, sin tener que viajar. Esto puede ahorrar tiempo y dinero a las empresas, así como permitirles acceder a un grupo más grande de talento.

- La videoconferencia también permitea las empresas mantenerse conectadas con sus equipos, incluso cuando no están físicamente presentes. Esto puede ayudar a mantener la moral y garantizar que todos estén en la misma página. También permite a las empresas mantenerse en contacto con sus clientes y socios, lo que puede ayudar aconstruir relaciones y fomentar la confianza.

- La videoconferencia también puede ayudar a las empresas a ahorrar dinero. Mediante el uso de videoconferencias, las empresas pueden reducir sus costos de viaje y ahorrar en el costo de alquilar salas de reuniones. Esto puede ayudar a las empresas a ahorrar dinero, que luego puede reinvertirse en otras áreas del negocio.

- La videoconferencia también puede ayudar a las empresas a aumentar su productividad. Al permitir que los equipos colaboren de forma remota, las empresas pueden hacer más en menos tiempo. Esto puede ayudar a las empresas a aumentar su producción y mejorar sus resultados.

- La videoconferencia ayuda a las empresas a mantenerse competitivas. Al mantenerse conectadas con sus equipos y clientes, las empresas pueden mantenerse por delante de la competencia y asegurarse de que están brindando el mejor servicio posible.

La videoconferencia es una herramienta invaluable para empresas de todos los tamaños. Puede ayudar a las empresas a ahorrar dinero, aumentar la productividad y mantenerse conectadas con sus equipos y clientes. Esto puede ayudar a las empresas a crecer y tener éxito.

Software de gestión de proyectos para gestionar tareas y plazos.

El software de gestión de proyectos es una herramienta poderosa para que las empresas y las nuevas empresas gestionen tareas y plazos. Ayuda a agilizar los procesos, aumentar la eficiencia y mejorar la colaboración. Ayuda a ahorrar tiempo ydinero al reducir la necesidad de procesos manuales y garantizar que las tareas se completen a tiempo.

- El software de gestión de proyectos ayuda a las empresas y nuevas empresas a planificar y ejecutar proyectos de manera más eficiente. Es crear un cronograma para tareas y plazos, asignar tareas a los miembros del equipo y realizar un seguimiento del progreso para garantizar que los proyectos se completen a tiempo y dentro del presupuesto.

- El software de gestión de proyectos es para mejorar la colaboración entre los miembros del equipo. También proporciona una plataforma central para la comunicación yla colaboración, lo que permite a los miembros del equipo compartir fácilmente ideas y trabajar juntos. Esto ayuda a reducir la cantidad de tiempo dedicado a los procesos manuales y aumenta la eficiencia.

- El software de gestión de proyectos es para mejorar la satisfacción del cliente. Es para garantizar que las solicitudes de los clientes semanejen de manera rápida y eficiente, y que los comentarios de los clientes se tengan en cuenta para mejorar la lealtad del cliente y aumentar la satisfacción del cliente.

El software de gestión de proyectos ayuda a mejorar el crecimiento empresarial y las nuevas empresas para identificar áreas de mejora y garantizar que los proyectos se completen a tiempo y dentro del presupuesto. Esto es para aumentar las ganancias y garantizar que las empresas y las nuevas empresas tengan éxito.

Soluciones de comercio electrónico para agilizar las ventas.

Las soluciones de comercio electrónico son cada vez más populares para empresas de todos los tamaños, desde grandes corporaciones hasta pequeñas empresas de nueva creación. Estas soluciones proporcionan a las empresas una gama de beneficios, que incluyen una mayor eficiencia, ahorro de costos y un mejor servicio al cliente. También ayudan a las empresasa optimizar sus procesos de ventas, lo que les permite centrarse más en el crecimiento de su negocio.

- Las soluciones de comercio electrónico ayudan a las empresas a optimizar sus procesos de ventas mediante la automatización de muchas de las tareas asociadas con las ventas. Esto incluye la automatización de larecepción de pedidos, el servicio al cliente y la gestión de inventario.

- La automatización ayuda a reducir la cantidad de tiempo y esfuerzo necesarios para administrar las ventas, liberando recursos para centrarse en otras áreas del negocio. La automatización ayuda a garantizar la precisión y la coherencia en elproceso de ventas, reduciendo las posibilidades de errores u oportunidades perdidas.

- Las soluciones de comercio electrónico también ayudan a mejorar el servicio al cliente. Automatizando las tareas de atención al cliente. Las empresas brindan a los clientes un servicio más rápido y eficiente. Esto ayuda a aumentar la satisfacción y lealtad del cliente, lo que lleva a un aumento de las ventas y los ingresos. El servicio al cliente automatizado puede ayudar a reducir la cantidad de tiempo y esfuerzo necesarios para responder a las consultas de los clientes, liberando recursos para centrarse en otras áreas de lapráctica.

Las soluciones de comercio electrónico ayudan a las empresas a ahorrar dinero. Al automatizar muchas de las tareas asociadas con las ventas, las empresas pueden reducir sus costos generales. Esto ayuda a aumentar las ganancias y permite a las empresas reinvertir esas ganancias en otras áreas del negocio.

Aplicaciones móviles para aumentar la participación del cliente.

Las aplicaciones móviles son cada vez más populares para las empresas como una forma de interactuar con sus clientes y aumentar su crecimiento. Las aplicaciones móviles se pueden utilizar para proporcionar a los clientes una experiencia más personalizada, ofrecer ofertas exclusivas y proporcionar actualizaciones en tiempo real sobre productos y servicios. También se pueden utilizar para recopilar datos sobre el comportamiento y las preferencias de los clientes, que se pueden utilizar para crear campañas de marketing dirigidas.

- El uso de aplicaciones móviles para aumentar el compromiso del cliente y el crecimiento del negocio ha demostrado ser eficaz. Los estudios han demostrado que las empresas que utilizan aplicaciones móviles para interactuar con sus clientes han visto un aumento en la lealtad y satisfacción del cliente,así como un aumento en las ventas. Las empresas que utilizan aplicaciones móviles para recopilar datos de clientes han visto un aumento en su capacidad para orientar sus campañas de marketing y aumentar su ROI.

- Las empresas emergentes también se benefician del uso de aplicaciones móviles para aumentar elcompromiso del cliente y el crecimiento empresarial. Mediante el uso de aplicaciones móviles, las nuevas empresas construyen rápidamente una base de clientes y aumentan su visibilidad. Las aplicaciones móviles se utilizan para recopilar datos sobre el comportamiento y las preferencias de los clientes , que se pueden utilizar para crear campañas de marcado específicas yaumentar las ventas.

Las aplicaciones móviles son una forma influyente para que las empresas interactúen con sus clientes y aumenten su crecimiento. Se utilizan para proporcionar a los clientes una experiencia más personalizada, ofrecer ofertas exclusivas y proporcionaractualizaciones en tiempo real sobre productos y servicios.

Realidad virtual para crear experiencias inmersivas para los clientes.

La realidad virtual (VR) es una tecnología que permite a los usuarios interactuar y experimentar un entorno simulado. Se ha vuelto cada vez más popular enlos últimos años, ya que se ha utilizado para crear experiencias inmersivas para los clientes que tienen un profundo impacto en el crecimiento empresarial y las nuevas empresas.

- La realidad virtual se utiliza para crear una experiencia de cliente única y atractiva. Por ejemplo, las empresas pueden usar la realidad virtual para crearsho wrooms virtuales, lo que permite a los clientes explorar productos en un entorno 3D realista. Esto se puede utilizar para proporcionar a los clientes una experiencia de compra más interactiva y atractiva, así como para proporcionar a los clientes una mejor comprensión del producto. Esto ayuda a aumentar el compromiso y la lealtad del cliente, así como a aumentar las ventas.

La realidad virtual también se puede utilizar para crear experiencias educativas y de capacitación virtual. Esto se utiliza para proporcionar a los clientes una experiencia de aprendizaje más inmersiva y atractiva, así comopara proporcionar a las empresas una forma más eficiente y rentable de capacitar a sus empleados. Esto ayuda a mejorar el rendimiento y la productividad de los empleados, así como a reducir los costos de capacitación.

Big data para obtener información sobre el comportamiento del cliente.

Big data es un término utilizado para describir la gran cantidad de datos que generan las empresas y organizaciones. Son datos que son demasiado grandes y complejos para ser procesados y analizados utilizando métodos tradicionales. Big data se puede utilizar para obtener información sobre el comportamiento de los clientes y su impacto en el crecimiento empresarial y las nuevas empresas.

- Big data se puede utilizar para identificar las preferencias y tendencias de los clientes, que luego se pueden utilizar para crear campañas y estrategias de marketing dirigidas. Al analizar los datos de los clientes, las empresas pueden obtener información sobre los patrones de compra de los clientes, que se utilizan para comprender mejor las necesidades y preferencias de los clientes. Esto ayuda a las empresas a crear campañas y estrategias de marketing más efectivas que se adaptan a las necesidades de sus clientes.

- Big data también se utiliza para identificar oportunidades potenciales para el crecimientoy la expansión del negocio. Al analizar los datos de los clientes, las empresas identifican áreas de crecimiento potencial y desarrollan estrategias para capitalizar esas oportunidades. Esto ayuda a las empresas a aumentar su cuota de mercado y rentabilidad y también a reducir su exposición a riesgos potenciales y garantizar su éxito a largo plazo.

Big data se utiliza para identificar áreas potenciales para la innovación. Mediante el análisis de los datos de los clientes, las empresas identifican áreas en las que podrían desarrollarse nuevos productos o servicios para satisfacer las necesidades de los clientes para que las empresasse mantengan por delante de la competencia y sigan siendo competitivas en el mercado.

Tecnología de reconocimiento de voz para automatizar procesos.

La tecnología de reconocimiento de voz es una tecnología de rápido crecimiento que se está utilizando para automatizar procesos en empresas y nuevas empresas. Esta tecnología se utiliza para reconocer e interpretar palabras habladas, lo que permite a los usuarios interactuar con sus dispositivos y aplicaciones sin necesidad de entrada manual. La tecnología de reconocimiento de voz tiene el potencial de revolucionar la forma en que operan las empresas y las empresas estrella, ya que puede ayudar a agilizar los procesos, reducir los costos y aumentar la eficiencia.

- El uso más común de la tecnología de reconocimiento de voz es en el servicio al cliente. Mediante el uso de la tecnología de reconocimiento de voz, las empresas proporcionan a los clientes respuestas más rápidas yprecisas a sus consultas para reducir los tiempos de espera de los clientes y mejorar la satisfacción del cliente. La tecnología de reconocimiento de voz se puede utilizar para automatizar procesos como el procesamiento de pedidos, el procesamiento de pagos y la atención al cliente para reducir la cantidad detiempo y recursos necesarios para completar estas tareas, lo que permite a las empresas centrarse en tareas más importantes.

La tecnología de reconocimiento de voz se utiliza para mejorar la precisión de la entrada de datos. Mediante el uso de la tecnología de reconocimiento de voz, las empresas reducen la cantidad de tiempo y recursos necesarios para ingresar datos en sus sistemas para reducir los errores y mejorar la precisión, lo que resulta en datos más precisos y una mejor toma de decisiones.

Aprendizaje automático para automatizar tareas y procesos.

El aprendizaje automático (ML) es una forma deinteligencia artificial (IA) que permite a las computadoras aprender de los datos y usarlos para tomar decisiones. Es una herramienta poderosa que se utiliza para automatizar tareas y procesos, y su impacto en el crecimiento empresarial y las nuevas empresas es inmenso.

- ML se utiliza para automatizar muchas de las tareas tediosas y lentas que están asociadas con la gestión de un negocio. Por ejemplo, ML se usa para automatizar las tareas de servicio al cliente, como responder a las consultas de los clientes, procesar pedidos y administrar cuentas de clientes. ML también se utiliza para automatizartareas de marketing electrónico, como segmentar clientes, dirigir campañas y analizar el comportamiento del cliente.

- ML también se utiliza para automatizar procesos como la producción, la gestión de inventario y la gestión de la cadena de suministro. Mediante el uso de ML, las empresas reducen los costos, aumentan laeficiencia y mejoran la satisfacción del cliente.

ML también se utiliza para mejorar la toma de decisiones. Al analizar los datos, ML identifica patrones y tendencias que se utilizan para informar las decisiones para que las empresas tomen mejores decisiones sobre marketing, desarrollo de productos y servicio al cliente y ayuden a las empresas a aumentar la lealtad y retención de clientes.

Tecnología blockchain para asegurar datos y transacciones.

La tecnología Blockchain es una nueva forma revolucionaria de proteger los datos y las transacciones. Es unatecnología distribuida que utiliza criptografía para almacenar y transmitir datos de forma segura. La tecnología Blockchain tiene el potencial de revolucionar la forma en que las empresas operan y crecen, así como la forma en que las nuevas empresas se desarrollan y tienen éxito.

- La tecnología Blockchain se utiliza para almacenar y transmitir datos de forma segura, como información declientes, transacciones financieras y otra información confidencial. Es un sistema descentralizado, lo que significa que no está controlado por una sola entidad, lo que lo hace más seguro que los sistemas tradicionales. Blockcha en la tecnología es inmutable, lo que significa que una vez que los datos se almacenan en la cadena de bloques, no se pueden cambiar ni alterar. Esto lo convierte en una solución ideal para las empresas que necesitan almacenar y transmitir datos confidenciales de forma segura.

- La tecnología Blockchain se utiliza para facilitartransacciones seguras mediante el uso de contratos inteligentes, las empresas pueden crear contratos digitales que se almacenan en la cadena de bloques y se ejecutan automáticamente cuando se cumplen ciertas condiciones. Esto elimina la necesidad de verificación manual y reduce el riesgode fraude. La tecnología Blockchain se utiliza para crear tokens digitales que se utilizan para facilitar los pagos y otras transacciones. Esto es especialmente útil para las nuevas empresas que necesitan procesar pagos de forma rápida y segura.

La tecnología Blockchain se utiliza paracrear nuevos modelos de negocio y oportunidades para nuevas empresas y empresas que pueden utilizar la tecnología blockchain para crear nuevos productos y servicios, como aplicaciones descentralizadas (dApps) y organizaciones autónomas descentralizadas (DAO). Estos nuevos modelos de negocio abren nuevos mercados y crean nuevas fuentes de ingresos para que las empresas y las nuevas empresas alcancen nuevas cotas de éxito.

Impresión 3D para crear prototipos y productos.

La impresión 3D es una tecnología revolucionaria que ha ido ganando popularidad en los últimos años. Es un proceso de creación de objetos tridimensionales a partir de un archivo digital utilizando técnicas de fabricación aditiva. La impresión 3D se ha utilizado para crear prototipos y productos para una variedad de industrias, incluyendo productos automotrices, aeroespaciales, médicos y de consumo.

- El uso de la impresión 3D para la creación de prototipos y el desarrollo de productos ha tenido un impacto significativo en el crecimiento del negocio y las nuevas empresas. Mediante el uso de la impresión 3D, las empresas pueden crear prototipos y productos de forma rápida y rentable que se prueban yrefinan antes de entrar en producción. Esto permite a las empresas llevar sus productos al mercado más rápido, reduciendo el tiempo y el costo asociados con los métodos de fabricación tradicionales.

- La impresión 3D también permite a las empresas crear productos personalizados que se adaptan a las necesidades de sus clientes. Esto permite a las empresas crear productos únicos que se venden a un precio superior, aumentando sus ganancias.

- La impresión 3D también se utiliza para crear piezas y componentes que son difíciles o imposibles de producir utilizando métodos de fabricación tradicionales para que las empresas reduzcan los costos y aumenten la eficiencia, lo que resulta en mayores ganancias.

La impresión 3D se utiliza para crear productos que son más respetuosos con el medio ambiente para que las empresas puedan reducir su dependencia de los materiales tradicionales y crear productos que sean más sostenibles para que las empresas reduzcan su impacto ambiental y aumenten su sostenibilidad.

Robótica para automatizar los procesos de fabricación.

La robótica es un campo de rápido crecimiento que estárevolucionando la industria manufacturera. La robótica se está utilizando para automatizar procesos, reducir costos y aumentar la eficiencia. La robótica tiene el potencial de revolucionar la forma en que las empresas operan y crecen, así como crear nuevas oportunidades para las nuevas empresas.

- Robotics se puede utilizar para automatizar procesos en la fabricación, como el montaje, el embalaje y la clasificación. La automatización reduce los costos de mano de obra, aumenta la eficiencia y mejora la calidad del producto. La automatización también reduce la necesidad de mano de obra, liberando recursos para centrarse en otras áreas del negocio y reduciendo el riesgo de error humano, lo que lleva a menos defectos y una mayor satisfacción del cliente.

- La robótica se utiliza para mejorar la precisión y la velocidad de producción, que se utilizan para monitorear y controlar los procesos de producción, asegurando que los productos se produzcan con la más alta calidad y precisión. La robótica se utiliza para monitorear y analizar datos, lo que permite a las empresas tomar decisiones más informadas y mejorar sus operaciones.

- La robótica se utiliza para mejorar el servicio al cliente y se utiliza para automatizar las tareas de servicio al cliente, como responder a las consultas de los clientes, tomar pedidos y procesar pagos. Esto reduce el tiempo y el costo asociados con el servicio al cliente, lo que lleva a una mejor satisfacción del cliente.

La robótica se utiliza para mejorar la seguridad en el lugar de trabajo para monitorear y controlar entornos peligrosos, reduciendo el riesgo de accidentes y lesiones, para monitorear y controlar maquinaria peligrosa, asegurando que se opere de manera segura y eficiente.

Realidad aumentada para crearexperiencias de cliente interactivas.

La realidad aumentada (AR) es una tecnología que permite a los usuarios interactuar con contenido digital en el mundo físico. Tiene el potencial de revolucionar la forma en que las empresas interactúan con los clientes y crear experienciasinteractivas. AR se utiliza para crear experiencias inmersivas y atractivas que ayudan a las empresas a crecer y a las nuevas empresas a destacarse de la competencia.

- AR se utiliza para crear experiencias interactivas que se adaptan a las necesidades del cliente. Por ejemplo, una tienda minorista puede usar AR para permitir que los clientes se prueben virtualmente ropa o accesorios antes de comprarlos. Esto ayuda a los clientes a tomar decisiones informadas y aumentar la probabilidad de una compra. La RA también se utiliza para crear experiencias interactivas adaptadas a los intereses del cliente. Por ejemplo, un restaurante puede usar AR para permitir que los clientes exploren el menú y aprendan más sobre los platos antes de ordenar. Un ejemplo más es un hotel que puede usar AR para crear un recorrido virtual del hotel y sus comodidades para que los clientes comprendan mejor el hotel y sus servicios, y sea más probable que reserven una estadía.

- AR también se utiliza para crear una experiencia interactiva que permite a los clientes explorar los productos y servicios de la empresa y ayudar a los clientes a obtener una mejor comprensión de la empresa y sus ofertas, y hacer que sea más probable que inviertan en la puesta en marcha.

La realidad aumentada tiene el potencial de revolucionar la forma en que las empresas interactúan con los clientes y crear experiencias interactivas con experiencias inmersivas y atractivas.

IoT para monitorear y controlar dispositivos de forma remota.

El Internet de las cosas (IoT) es una tecnología de rápido crecimiento que está revolucionando la forma en que operan las empresas. IoT es la red de objetos físicos, como dispositivos, vehículos yedificios, que están conectados a Internet y pueden recopilar e intercambiar datos. Los dispositivos IoT se utilizan para monitorear y controlar dispositivos de forma remota, lo que permite a las empresas obtener información sobre sus operaciones y tomar mejores decisiones. Esta tecnología tiene el potencial de impulsar el crecimiento del negocio y crear nuevas oportunidades para las nuevas empresas.

- IoT tiene el potencial de impulsar el crecimiento empresarial al proporcionar a las empresas datos en tiempo real y conocimientos sobre sus operaciones. Al conectar dispositivos y sistemas, las empresas obtienen información sobre sus operaciones y toman mejores decisiones. Por ejemplo, las empresas pueden usar IoT para monitorear sus niveles de inventario, rastrear las tendencias de los clientes y optimizar su cadena de suministro. IoT también se puede utilizar para automatizar procesos y reducir costes, permitiendo a las empresas ser más eficientes y competitivas.

- IoT tiene el potencial de crear nuevas oportunidades para las nuevas empresas. Al conectar dispositivos y sistemas, las nuevas empresas desarrollan productos y servicios innovadores que se utilizan para mejorar la experiencia del cliente e impulsar el crecimiento del negocio.

Si bien IoT tiene el potencial de impulsar el

crecimiento empresarial y crear nuevas oportunidades para las nuevas empresas, también existen desafíos y oportunidades asociados con él. La seguridad es una preocupación importante, ya que los dispositivos IoT son vulnerables alos ataques cibernéticos, ya que existen problemas de privacidad asociados con la recopilación y el uso de datos.

Inteligencia artificial para automatizar la atención al cliente.

La inteligencia artificial (IA) es una tecnología de rápido crecimiento que está revolucionando la forma en que las empresas interactúan conlos usuarios. La automatización del servicio al cliente impulsada por IA se está volviendo cada vez más popular entre las empresas y las nuevas empresas, ya que ofrece una forma más eficiente y rentable de brindar servicio al cliente. La automatización del servicio al cliente impulsada por IA ayuda a las empresas y nuevas empresas a mejorar la satisfacción del cliente, reducir los costos y aumentar los ingresos.

- La automatización del servicio al cliente impulsada por IA se utiliza para automatizar las tareas de servicio al cliente, como responder a las consultas de los clientes, brindar atención al cliente y manejar las quejas de los clientes para proporcionarexperiencias personalizadas de servicio al cliente mediante el uso del procesamiento del lenguaje natural (NLP) para comprender las consultas de los clientes y proporcionar respuestas relevantes. La automatización del servicio al cliente impulsada por IA también se utiliza para automatizar los procesos de servicio al cliente, como el procesamiento de pedidos, el procesamiento de pagos y la incorporación de clientes.

El uso de la automatización del servicio al cliente impulsada por IA ayuda a las empresas y nuevas empresas a mejorar la satisfacción del cliente al proporcionar un servicio al cliente más rápido y preciso para reducir los costos mediante la automatización de las tareas de servicio al cliente, lo que ayuda a reducir la necesidad de mano de obra y aumentar los ingresos al proporcionar experiencias personalizadas de servicio al cliente y también aumentar la lealtad del cliente.

Análisis predictivo para anticipar las necesidadesde los clientes.

El análisis predictivo es una herramienta poderosa que ayuda a las empresas a anticipar las necesidades de los clientes y tomar mejores decisiones. Utiliza información basada en datos para identificar patrones y tendencias en el comportamiento del cliente, lo que permite a las empresas anticipar las necesidades de los clientes y tomardecisiones que conducirán a un aumento de las ventas y la satisfacción del cliente. El análisis predictivo también se puede utilizar para identificar oportunidades de crecimiento e innovación, ayudando a las nuevas empresas a mantenerse por delante de la competencia.

- El análisis predictivo se utiliza para identificar laspreferencias de los clientes y anticipar las necesidades de los clientes. Mediante el análisis de los datos de los clientes, las empresas pueden identificar patrones en el comportamiento de los clientes y utilizar esta información para crear campañas de marketing específicas y ofertas de productos para comprender mejor sus clientes y crearexperiencias más personalizadas.

- El análisis predictivo también se utiliza para identificar oportunidades de crecimiento e innovación mediante la identificación de áreas de crecimiento potencial y el desarrollo de estrategias para capitalizarlas para mantenerse por delante de la competencia y aumentar su cuota de mercado.

La analítica predictivase utiliza para identificar riesgos y oportunidades potenciales. Al analizar los datos de los clientes, las empresas pueden identificar riesgos potenciales y desarrollar estrategias para mitigarlos y reducir su exposición al riesgo y aumentar su rentabilidad.

Procedimiento de lenguaje naturalpara comprender las consultas de los clientes.

El procesamiento del lenguaje natural (PNL) es una rama de la inteligencia artificial que se ocupa de comprender e interpretar el lenguaje humano. Se utiliza para analizar texto, habla y otras formas de lenguaje natural. NLP se utilizaen una variedad de aplicaciones, incluyendo servicio al cliente, optimización de motores de búsqueda y atención al cliente automatizada.

- NLP se utiliza para comprender las consultas de los clientes y proporcionar un mejor servicio al cliente para obtener información sobre las necesidades y preferencias de los clientes para ayudar a las empresas a adaptar sus productos y servicios para satisfacer mejor las necesidades de los clientes. NLP se utiliza para identificar el sentimiento del cliente, lo que ayuda a las empresas a comprender mejor la satisfacción del cliente.

- NLP se utiliza para mejorar la optimización de motores de búsqueda (SEO). Al analizar las consultasde los clientes, las empresas pueden identificar palabras clave y frases que se utilizan en las consultas de los clientes y optimizar su contenido para esos términos para que las empresas obtengan una clasificación más alta en los resultados de los motores de búsqueda, lo que resulta en más tráfico y clientes potenciales.

NLPse utiliza para automatizar la atención al cliente. Al analizar las consultas de los clientes, las empresas pueden crear respuestas automatizadas que pueden proporcionar a los clientes respuestas a sus preguntas para ahorrar tiempo y dinero al reducir la necesidad de atención al cliente manual. Las empresas pueden identificar áreas donde los clientes tienen dificultades y abordar esos problemas para mejorar la satisfacción del cliente, la lealtad y ahorrar tiempo y dinero.

Tecnología de reconocimiento facial para mejorar la seguridad.

La tecnología de reconocimiento facial es una tecnología que está surgiendo rápidamente y quese está utilizando para mejorar la seguridad y el desarrollo empresarial de pequeñas empresas y nuevas empresas. Esta tecnología utiliza algoritmos de reconocimiento facial para identificar a las personas en función de sus rasgos faciales. Se está utilizando en una variedad de industrias, incluyendo el comercio minorista, la banca, la salud y el gobierno.

- La tecnología de reconocimiento facial se utiliza para mejorar la seguridad al proporcionar una capa adicional de autenticación para el acceso a áreas o datos confidenciales. Esto también se utiliza para identificar amenazas potenciales o actividades sospechosas, como el acceso no autorizado a un edificio o sistema informático, y para identificar a los clientes o empleados con el fin de proporcionar servicios personalizados o para rastrear sus actividades.

Mediante el uso de la tecnología de reconocimiento facial, las empresas identifican clientes potenciales y se dirigen a ellos con campañas de marketing personalizadas para aumentar el compromiso y la lealtad del cliente para aumentar las ventas.

Monederos digitales para facilitar los pagos.

Las billeteras digitales son cada vez más populares como una forma de facilitarlos pagos para las pequeñas empresas y las nuevas empresas. Las billeteras digitales permiten a las empresas aceptar pagos de forma rápida y segura, sin necesidad de efectivo o tarjetas de crédito. Esto hace que sea más fácil para los clientes realizar pagos y puede ayudar a las empresas a aumentar sus ventas y aumentarsu base de clientes.

- El uso de billeteras digitales ayuda a las pequeñas empresas y nuevas empresas a reducir los costos asociados con el procesamiento de pagos. Al usar billeteras digitales, las empresas evitan las tarifas asociadas con los métodos de pago tradicionales, como las tarjetas de crédito y el efectivo, que ayudan a las empresas a ahorrar dinero en tarifas de transacción, que se pueden usar para invertir en otras áreas del negocio.

- Las billeteras digitales también facilitan a las empresas el seguimiento de sus ventas y datos de clientes. Mediante el uso de billeteras digitales, las empresas pueden acceder fácilmente a la información del cliente y realizar un seguimiento de las ventas en tiempo real para ayudar a las empresas a comprender mejor a sus clientes y tomar decisiones más informadas sobre su negocio.

Las billeteras digitales también brindan más seguridad a las empresas. Las empresasprotegen los datos de sus clientes y garantizan que sus pagos sean seguros para ayudar a las empresas a generar confianza con sus clientes para aumentar sus clientes.

Asistentes virtuales para automatizar la atención al cliente.

En el mundo moderno, el servicio al cliente es uncomponente crítico de cualquier negocio. Es la clave para la satisfacción y lealtad del cliente, y puede hacer o deshacer un negocio. Como tal, las empresas de todos los tamaños están invirtiendo en asistentes virtuales para automatizar el servicio al cliente y mejorar su experiencia del cliente. Los asistentes virtuales son chatbots impulsados por IA que pueden manejar las consultas de los clientes, brindar soporte e incluso procesar pedidos. Se están volviendo cada vez más populares entre las pequeñas empresas y las nuevas empresas como una forma rentable de proporcionar servicio al cliente.

- Los asistentes virtualesofrecen una serie de ventajas a las pequeñas empresas y a las empresas de nueva creación. Ayudan a reducir costos, mejorar el servicio al cliente y aumentar la eficiencia. Los asistentes virtuales son una forma rentable de proporcionar servicio al cliente. No requieren st aff adicional y se pueden configurar rápida y fácilmente. Esto puede ayudar a reducir los costos generales y liberar recursos para otras áreas del negocio.

- Los asistentes virtuales brindan servicio al cliente las 24 horas del día, los 7 días de la semana, lo que puede ayudar a mejorar la satisfacción y lealtad del cliente. También están personalizados para proporcionar un servicio personalizado y se pueden programar para responder a las preguntas comunes de los clientes.

- Los asistentes virtuales automatizan tareas mundanas, como el procesamiento de pedidos y las consultas de los clientes para liberar recursos y permitir que el personal se concentre en tareas más importantes.

Los asistentes virtuales tienen un impacto positivo en el desarrollo empresarial de las pequeñas empresas y las nuevas empresas. Ayudan a reducir costos, mejorar el servicio al cliente y aumentar la eficiencia. Esto condujo a un aumento de las ventas, una mayor satisfacción del cliente y un mejor reconocimiento de la marca.

Herramientas de visualización de datos para obtener información

La visualización de datos es una herramienta poderosa para obtener información de los datos y se ha vuelto cada vez más popular en los últimos años. Se utiliza para presentar datos en un formato visual, por lo que es más fácilde entender e interpretar. La visualización de datos se utiliza para identificar tendencias, detectar valores atípicos y obtener información sobre el comportamiento del cliente.

- Las herramientas de visualización de datos son utilizadas por pequeñas empresas y nuevas empresas para obtener información sobre su base de clientes, las tendencias del mercado y el rendimiento del producto. Al visualizar los datos, las empresas identifican rápidamente las áreas de oportunidad y los riesgos potenciales para ayudarlos a tomar mejores decisiones y desarrollar estrategias para aumentar las ventas y las ganancias.

- Las herramientas de visualización de datos se utilizan para evaluarla participación del cliente y realizar un seguimiento de los comentarios de los clientes. Esto puede ayudar a las empresas a comprender lo que buscan sus clientes y cómo pueden mejorar sus productos y servicios. Las herramientas de visualización de datos se utilizan para analizar los datos de los clientes e identificar si se mejoran.

- Las herramientas de visualización de datos también se utilizan para identificar áreas potenciales de crecimiento. Al visualizar los datos, las empresas identifican rápidamente las oportunidades de expansión e identifican nuevos mercados a los que dirigirse. Esto les ayuda a desarrollar estrategias para aumentar sus clientes y aumentar sus ingresos.

Las herramientas de visualización de datos también se utilizan para rastrear el comportamiento del cliente e identificar segmentos de clientes. Esto ayuda a las empresas a comprender mejor a sus clientes y desarrollar campañas de marketing dirigidas. Además, las herramientas de visualización de da ta se pueden utilizar para identificar las tendencias de los clientes y desarrollar estrategias para capitalizarlas.

CAPÍTULO TRECE

Desarrollar una estrategia de servicio al cliente

El servicio al cliente es una parte esencial de cualquier negocio, independientemente de su tamaño. Es la base de la lealtad y satisfacción del cliente, y puede tener un impacto significativo en el éxito de una pequeña empresa o nueva empresa. Desarrollar una estrategia de servicio al cliente es un paso importante para garantizar que los clientes tengan una experiencia positiva con su negocio.

- El primer paso para desarrollar una estrategia de servicio al cliente es identificar los objetivos de la estrategia. ¿Qué quieres lograr con tu estrategia de atención al cliente? ¿Quieres aumentar la satisfacción del cliente? Increase la lealtad del cliente? ¿Aumentar las ventas? Identificar sus objetivos le ayudará a desarrollar una estrategia que se adapte a su negocio y sus necesidades.

- Una vez que haya identificado sus objetivos, el siguiente paso es crear un equipo de servicio al cliente. Este equipo debe estarcompuesto por personas que tengan las habilidades y la experiencia necesarias para proporcionar un excelente servicio al cliente. Es importante asegurarse de que el equipo esté bien capacitado y bien informado sobre sus productos y servicios. Es importante asegurarse de que el equipo esté equipado con las herramientas y los recursos necesarios para proporcionar un servicio al cliente eficaz.

- Una vez que haya creado un equipo de servicio al cliente, el siguiente paso es desarrollar un proceso para proporcionar servicio al cliente. Este proceso debe incluir pasos para responder a las consultas de los clientes, resolver las quejas de los clientes y proporcionar comentarios. Debe incluir pasos para rastrear la satisfacción del cliente y resolver cualquier problema que surja.

Además de desarrollar un proceso para proporcionar servicio al cliente, es importante desarrollar un plan de comunicación. Este plan debe incluir estrategias para comunicarse con los clientes, como correo electrónico, teléfono y redes sociales. También debe incluir estrategias para responder a las consultas de los clientes.

CAPÍTULO CATORCE

Crear una red de socios y proveedores

Crear una red de socios y proveedores para pequeñas empresas y nuevas empresas es un paso crítico en el éxito de cualquier negocio. Tener una sólida red de socios y proveedores puede ayudar a una empresa a crecer y tener éxito. Proporciona acceso a recursos, contactos y experiencia que pueden ser invaluables. Aquí hay algunos consejos sobre cómo crear una red de socios y proveedores para pequeñas empresas y nuevas empresas.

- **Identifique sus necesidades**: Antes de comenzar a construir su red, es importante identificar sus necesidades. ¿Qué tipo de socios y proveedores necesita? ¿Qué tipo de servicios necesita? ¿Qué tipo de experiencia necesita? Saber lo que necesita le ayudará a reducir su búsqueda y facilitar la búsqueda de socios yproveedores.

- **Investigue socios y proveedores potenciales**: Una vez que haya identificado sus necesidades, es hora de comenzar a investigar posibles socios y proveedores. Busque empresas que ofrezcan servicios y experiencia que se adapten a sus necesidades. Echa un vistazo a lossitios web de IR, lee reseñas y habla con otras empresas que han utilizado sus servicios.

- **Comunícate**: Una vez que hayas identificado socios y proveedores potenciales, es hora de comunicarse. Póngase en contacto con ellos y explíqueles lo que necesita y por qué cree que encajarían bien. Haga preguntas y asegúrese de escuchar sus respuestas.

- **Negociar términos**: Una vez que haya encontrado los socios y proveedores adecuados, es hora de negociar los términos. Asegúrese de entender los términos del acuerdo y de que se sienta cómodo con ellos.

- **Construir relaciones**: Una vez que haya establecido los términos del acuerdo, es importante construir relaciones con sus socios y proveedores. Tómese el tiempo para conocerlos a ellos y a su negocio. Esto ayudará a garantizar que tenga una relación sólida y duradera.

CAPÍTULO QUINCE

Desarrollar un sistema para el seguimiento del progreso

El seguimiento del progreso es una parte importante de cualquier negocio, especialmente para las pequeñas empresas y las nuevas empresas, con el fin de medir su éxito e identificar áreas de mejora.

- **Identificar objetivos:** El primer paso en el desarrollo de un sistema para rastrear el progreso es identificar los objetivos de la empresa para garantizar que el sistema se adapte a las necesidades específicas del negocio. Los objetivos deben ser específicos, medibles, alcanzables, realistas y de equilibrio en el tiempo.

- **Establecer métricas**: Una vez que se han identificado los objetivos, el siguiente paso es establecer métricas que se puedan usar para medir el progreso hacia esos objetivos. Estas métricas deben elegirse en función de los objetivos y deben ser medibles y procesables.

- **Identificar indicadores de rendimiento de Kyey:** Es importante identificar indicadores clave de rendimiento (KPI) que se utilizarán para medir el progreso. Los KPI deben elegirse en función de los objetivos que se han establecido y deben usarse para realizar un seguimiento del progreso a lo largo del tiempo.

- **Establecer** un sistema de informes: Una vez que se han identificado los KPI, es importante establecer un sistema de informes que se utilizará para realizar un seguimiento del progreso. Este sistema debe incluir informes periódicos que se generan de forma regular, como semanal o mensual. Estos informes deben incluir datos sobre los KPI que se han identificado y deben usarse para medir el progreso a lo largo del tiempo.

- **Configurar un sistema de seguimiento:** El siguiente paso es configurar un sistema de seguimiento. Esto se puede hacer usando una hoja de cálculo o un programa de software. El sistema de seguimiento debe incluir las métricas que se han establecido y debe actualizarse regularmente.

- **Monitorear el progreso:** Una vez que se ha configurado el sistema de seguimiento, es importante monitorear el progreso regularmente. Esto se puede hacer revisando el sistema de seguimiento de forma regular y haciendo los ajustes necesarios.

- **Actúe** : Una vez que se ha monitoreado el progreso, es importante tomar medidas para garantizar que se cumplan los objetivos. Esto puede incluir realizar cambios en el modelo de negocio, ajustar los KPI o implementar nuevas estrategias. Tomar medidas es esencial para garantizar que el negocio esté en camino de alcanzar sus objetivos.

- **Hacer ajustes:** Si el sistema tracking indica que no se está progresando, es importante hacer ajustes. Esto podría incluir cambiar los objetivos, las métricas o el sistema de seguimiento.

El desarrollo de un sistema para el seguimiento del progreso es una parte importante de la gestión de un negocio exitoso,especialmente para pequeñas empresas y nuevas empresas. En este informe se han esbozado las medidas necesarias para hacerlo.

CAPÍTULO DIECISÉIS

Crear un sistema para gestionar el riesgo

Las pequeñas empresas y las nuevas empresas a menudo se enfrentan a una variedad de riesgos que pueden tener un impacto significativo en sus operaciones. La gestión de estos riesgos puede ser una tarea difícil y lenta, pero es esencial para el éxito del negocio. Este informe describe un sistema para gestionar el riesgo para las pequeñas empresas y las nuevas empresas.

- **Identificar losrisks:** El primer paso para crear un sistema de gestión de riesgos para las pequeñas empresas y las nuevas empresas es identificar los riesgos asociados con el negocio. Esto incluye la identificación de riesgos potenciales, como riesgos financieros, operativos, legales y ambientales. Una vez que se han identificado los riesgos, se pueden categorizar y priorizar en función de su impacto potencial en el negocio.

- **Evaluar los riesgos:** Una vez que se han identificado los riesgos, el siguiente paso es evaluar los riesgos. Esto implica evaluar el impacto potencial de los riesgos y determinar la probabilidad de que ocurran los riesgos, la probabilidad de que ocurra el riesgo, la gravedad del impacto potencial y el costo de mitigar el riesgo. Este análisis ayudará a identificar qué riesgos deben abordarseen primer lugar y cuáles pueden gestionarse con una prioridad más baja.

- **Desarrollar un plan de gestión de riesgos:** Una vez que los riesgos han sido identificados y evaluados, el siguiente paso es desarrollar un plan de gestión de riesgos. Este plan debe incluir estrategias para mitigar los riesgos, comoel desarrollo de políticas y procedimientos, la implementación de controles y el establecimiento de un equipo de gestión de riesgos.

- **Implementar el plan de gestión de riesgos: Después de que** se haya desarrollado el plan de gestión de riesgos, el siguiente paso es implementar el plan. Esto implica poner elplan en acción, como desarrollar políticas y procedimientos, implementar controles y establecer un equipo de gestión de riesgos. El plan también debe incluir medidas para monitorear el riesgo y garantizar que se gestione de manera efectiva.

- **Monitorear y revisar el plan de gestión de riesgos:** Una vez que se ha implementado el plan de gestión de riesgos, el siguiente paso es monitorear y **revisar el plan.** Esto se puede hacer revisando regularmente la evaluación y el análisis de riesgos, así como monitoreando la implementación del plan de mitigación de riesgos. Esto ayudará a garantizar que el riesgo se gestione de manera efectiva y que se aborde cualquier cambio en el entorno de riesgo.

- **Comunicar el plan de gestión de riesgos:** El paso final en la creación de un sistema para gestionar el riesgo para las pequeñas empresas y las nuevas empresas es comunicar el plan de gestión de riesgos. Esto implica asegurarse de que todas las partes interesadas conozcan el plan y comprendan sus roles y responsabilidades.

CAPÍTULO DIECISIETE

Desarrollar un sistema para gestionar las relaciones con los clientes

Aquí estamos hablando de los pasos para desarrollar un sistema para gestionar las relaciones con los clientes para pequeñas empresas y nuevas empresas. Describimos las características clave del sistema, los beneficios de usar el sistema y los posibles desafíos que pueden surgir durante el proceso de desarrollo.

El sistema de gestión de las relaciones con los clientes debe incluir las siguientes características clave:

- La base de datos de clientes almacena información del cliente, como detalles de contacto, preferencias e historial de compras .

- Sistema de gestión de relaciones con los clientes (CRM) que permite a las empresas realizar un seguimiento de las interacciones con los clientes y establecer relaciones con los clientes.

- Sistema de servicio al cliente que permite a las empresas responder rápidamente a las consultas y quejas de los clientes.

- Sistema de automatización de comercializaciónque permite a las empresas crear y administrar campañas, realizar un seguimiento de la participación del cliente y medir la efectividad de las campañas.

- Un sistema de análisis que permite a las empresas realizar un seguimiento del comportamiento de los clientes e identificar tendencias.

Un sistema para gestionar las relaciones con los clientes proporcionará los siguientes beneficios a las pequeñas empresas y nuevas empresas:

- **Mejora del servicio al cliente**: El sistema permitirá a las empresas responder rápidamente a las consultas y quejas de los clientes, lo que resultará en una mejorsfacción sati del cliente.

- **Mayor lealtad del cliente**: El sistema permitirá a las empresas realizar un seguimiento de las interacciones con los clientes y construir relaciones con los clientes, lo que resultará en una mayor lealtad del cliente.
- **Aumento de las ventas**: El sistema permitirá a las empresas crear y administrar campañas, realizar un seguimiento de la participación del cliente y medir la efectividad de las campañas, lo que resultará en un aumento de las ventas.
- **Mejora de la toma de decisiones**: El sistema permitirá a las empresas realizar un seguimiento del comportamiento de los clientes e identificar tendencias, lo que resultará en una mejor toma de decisiones.

El desarrollo de un sistema para gestionar las relaciones con los clientes tendrá los siguientes desafíos potenciales:

- **Costo**: El costo de desarrollar el sistema puede ser prohibitivo para algunas pequeñas empresas y nuevas empresas.
- **Complejidad:** El sistema puede ser complejo de implementar y administrar, lo que requiere conocimientos y recursos especializados.

- **Seguridad**: El sistema debe ser seguro para proteger los datos del cliente del acceso no autorizado.

El sistema de gestión de las relaciones con los clientes permitirá a las empresas mejorar el servicio al cliente, aumentar la lealtad de los clientes, aumentar las ventas y mejorar la toma de decisiones. El desarrollo del sistema puede estar sujeto a desafíos potenciales como el costo, la complejidad y la seguridad.

CAPÍTULO DIECIOCHO

Desarrollar un sistema para gestionar las relaciones con los empleados

Las relaciones con los empleados son una parte importante de cualquier negocio, especialmente para las pequeñas empresas y las nuevas empresas. Un buen sistema para administrar las relaciones con los empleados puede ayudar a garantizar que los empleados estén felices y sean productivos y que el negocio funcione sin problemas. Aquí hay algunos puntos para administrar las relaciones con los empleados para pequeñas empresas y nuevas empresas.

- Mejorar la comunicación entre los empleados y la dirección.

- Crear un ambiente de trabajo positivo.

- Fomentar el trust y el respeto entre los empleados y la dirección.

- Aumente el compromiso y la productividad de los empleados.

- Reducir la rotación de empleados.

El sistema de gestión de las relaciones con los empleados para las pequeñas empresas y las empresas emergentes debe incluir los siguientes componentes:

- **Comunicación** abierta: Establecer líneas abiertas de comunicación entre los empleados y la gerencia es esencial. Esto se puede hacer a través de reuniones regulares, sesiones de comentarios y encuestas.

- **Reconocimiento de** los empleados: Reconocer y recompensar a los empleados por su arduo trabajo y dedicación es importante para crear un ambiente de trabajo positivo. Esto se puede hacer a través de premios, bonos y otros incentivos.

- **Formación y desarrollo**: Proporcionar a los empleados las oportunidades de formación y desarrollo necesarias es clave para fomentar la confianza y el respeto entre los empleados y la dirección. Esto se puede hacer a través de talleres, seminarios y otras oportunidades de aprendizaje.

- **Compromiso de los empleados**: Alentar a los empleados a participar en su trabajo es importante para aumentar la productividad. Esto se puede hacer a través de actividades de formación de equipos, eventos sociales y otras actividades.

- **Gestión del desempeño**: Establecer un sistema para la gestión del desempeño es esencial para garantizar que los empleados cumplan con sus metas y objetivos. Esto se puede hacer a través de revisiones regulares de rendimiento y sesiones de retroalimentación.

Un sistema para gestionar las relaciones con los empleados para pequeñas empresas y nuevas empresas es esencial para garantizar que los empleados sean felices y productivos y que el negocio funcione sin problemas. Esto describe un sistema para administrar las relaciones con los empleados para pequeñas empresas y nuevas empresas que incluye comunicación abierta, reconocimiento de empleados, capacitación y desarrollo, compromiso de los empleados y gestión del desempeño. La implementación de este sistema ayuda a mejorar la comunicación, crear un ambiente de trabajo positivo, fomentar la confianza y el respeto, aumentar el compromiso y la productividad de los empleados, reducir la rotación de empleados y mejorar el servicio al cliente.

CAPÍTULO DIECINUEVE

Crear un sistema para administrar el inventario

Las pequeñas empresas y las nuevas empresas a menudo tienen dificultades para administrar su inventario. Sin el sistema adecuado, puede ser difícil realizar un seguimiento de lo que está en stock, lo que debe pedirse y cuándo se deben reponer los artículos. Los puntos describen un sistema para administrar el inventario para pequeñas empresas y nuevas empresas que es rentable, fácil de usar y eficiente.

El primer paso para crear un sistema de gestión de inventario es determinar la solución más rentable. Para las pequeñas empresas y las nuevas empresas, esto a menudo significa utilizar el software o hardware existente que ya está disponible. Por ejemplo, el software basado en la nube se puede utilizar para realizar un seguimiento de los niveles de inventario, pedidos y ventas. Los escáneres de códigos de barras y los lectores RFID se pueden utilizar para realizar un seguimiento rápido y preciso de los niveles de invence.

El siguiente paso es asegurarse de que el sistema sea fácil de usar. Esto significa que el software o hardware debe ser intuitivo y fácil de usar. El sistema debe ser capaz de integrarse con los sistemas y procesos existentes, como la contabilidad software o los sistemas de punto de venta.

El sistema debe ser eficiente. Esto significa que debería poder realizar un seguimiento rápido y preciso de los niveles de inventario, pedidos y ventas. El sistema debe ser capaz de generar informes y alertas cuando los niveles de inventario son bajos o cuandolos artículos necesitan ser reabastecidos.

Crear un sistema para administrar el inventario para pequeñas empresas y nuevas empresas es esencial para el éxito. Al utilizar soluciones rentables, garantizar que el sistema sea fácil de usar y asegurarse de que sea eficiente,las empresas pueden garantizar que su inventario se gestione adecuadamente.

Gestión de los comentarios de los clientes

Los comentarios de los clientes son un activo invaluable para las pequeñas empresas y las nuevas empresas. Proporciona información valiosa sobre la satisfacción del cliente , la calidad del producto y el servicio al cliente. Al gestionar los comentarios de los clientes de manera efectiva, las empresas identifican áreas de mejora y toman las medidas necesarias para garantizar la satisfacción del cliente.

Los siguientes son algunos consejos para administrar el feedba de clientespara pequeñas empresas y nuevas empresas:

Establecer un sistema para recopilar comentarios de los clientes:

El primer paso para gestionar los comentarios de los clientes es establecer un sistema para recopilar los comentarios de los clientes. Esto podría incluir encuestas, llamadas de servicio al cliente, vistas en línea u otros métodos.

Métodos para recopilar comentarios de los clientes

- **Encuestas:** Las encuestas son una de las formas más populares de recopilar comentarios de los clientes. Las encuestas se pueden distribuir en línea o en persona y se pueden utilizar para recopilar comentarios sobre una variedad de temas, como la satisfacción del cliente, la calidad del producto o servicio y la experiencia del cliente.

- **Grupos focales:** Los grupos focales son una excelente manera de obtener comentarios directos de los clientes. Los grupos focales implican reunir a un pequeño grupo de clientes para discutir un producto o servicio en particular. Este tipo de retroalimentación puede ser invaluable para comprenderlas necesidades y preferencias de los usuarios.

- **Entrevistas:** Las entrevistas son otra excelente manera de recopilar comentarios de los clientes. Las entrevistas se pueden realizar en persona o por teléfono y se pueden utilizar para obtener una mejor comprensión de las necesidades y preferencias de los clientes.

- **Reseñas** en línea: Las revisiones en línea son una excelente manera de obtener comentarios de los clientes. Los clientes pueden publicar reseñas en sitios web como Yelp, Google y Facebook, que se pueden utilizar para obtener información valiosa sobre las experiencias de los clientes.

- **Redes sociales:** Las redes sociales son una excelente manera de recopilar comentarios de los clientes. Los clientes pueden publicar comentarios y reseñas en plataformas de redes sociales como Twitter, Facebook e Instagram, que se pueden utilizar para obtener información valiosa sobre las experiencias de los clientes.

- **Servicio al cliente:** El servicio al cliente es una excelente manera de recopilar comentarios de los clientes. Los clientes pueden obtener comentarios a través de canales de servicio al cliente, como teléfono, correo electrónico y chat en vivo, que se pueden utilizar para obtener información valiosa sobre las experiencias de los clientes.

Supervise los comentarios de los clientes regularmente:

Una vez que se establece un sistema para recopilar comentarios de los clientes, es importante monitorear los comentarios de los clientes regularmente. Esto ayudará a identificar cualquier tendencia o patrón en los comentarios de los clientes que se pueda abordar.

Responder a los comentarios de los clientes:

Una vez que se recopilan los comentarios de los clientes, es importante responder a ellos de manera oportuna. Esto podría incluir abordar las quejas de los clientes, agradecer a los clientes por sus comentarios u ofrecer soluciones a los problemas.

Analice los comentarios de los clientes:

Una vez que se recopilan y responden los comentarios de los clientes, es importante analizar el feedback para identificar cualquier tendencia o patrón. Esto ayudará a identificar áreas donde el negocio puede mejorar.

Actúe:

Una vez que se analizan los comentarios de los clientes, es importante tomar medidas para abordar cualquier problema que se haya identificado. Esto podría incluir realizar cambios en los productos o servicios, mejorar el servicio al cliente o implementar nuevas políticas.

Seguimiento:

Finalmente, es importante hacer un seguimiento con los clientes para garantizar que sus comentarios se hayan abordado y que cualquier cambio que se haya realizado sea efectivo. Esto ayudará a garantizar que los clientes estén satisfechos con el negocio y que sus comentarios se tomen en serio.

Al seguir estos consejos, las pequeñas empresas y las nuevas empresas pueden gestionar eficazmente los comentarios de los clientes y garantizar la satisfacción del cliente. Esto ayudará a fidelizar a los clientes y aumentar las ventas.

CAPÍTULO VEINTIUNO

Desarrollar un sistema para gestionar los datos de los clientes

Las pequeñas empresas y las nuevas empresas tienen que gestionar los datos de los clientes para mantenerse competitivas y maximizar sus ganancias. Los datos de los clientes son el alma de cualquier negocio, y es esencial contar con un sistema para almacenar y administrar estos datos de manera efectiva.

El primer paso para administrar los datos de los clientes es recopilarlos. Esto se puede hacer a través de una variedad de métodos, como encuestas, formularios de comentarios de clientes y registros en línea. Una vez que se recopilan los datos, deben almacenarse en una base de datos segura. Esto se puede hacer utilizando un sistema de gestión de relaciones con los clientes (CRM), que es un programa de software diseñado para almacenar y administrarinformación del cliente.

Una vez que se almacenan los datos, deben organizarse. Esto se puede hacer creando perfiles de clientes, que son registros detallados de la información de cada cliente. Estos perfiles pueden incluir información de contacto, historial de compras, preferenciasy otros datos relevantes.

Una vez que se crean los perfiles de los clientes, los datos deben analizarse. Esto se puede hacer utilizando software de análisis, que puede ayudar a identificar tendencias y patrones en el comportamiento del cliente. Estos datos se pueden utilizar para crear campañas de marketing dirigidas y personalizar las experiencias de los clientes.

Finalmente, los datos deben mantenerse actualizados. Esto se puede hacer actualizando regularmente los perfiles de los clientes y rastreando las interacciones de los clientes. Esto asegurará que los datos sean precisos y estén actualizados, lo cual es esencial para un marketing y un servicio al cliente efectivos.

Utilice un sistema de gestión de relaciones con el cliente (CRM):

Un sistema CRM es una excelente manera de administrar los datos de los clientes para pequeñas empresas y nuevas empresas. Le permite almacenar información del cliente, realizar un seguimiento de las interacciones con los clientes y analizar los datos de los clientes para comprender mejor el comportamiento y las preferencias de los clientes.

Utilice los medios sociales:

Las redes sociales son una excelente manera de interactuar con los clientes y construir relaciones. También brinda la oportunidad de recopilar datos de clientes, como datos demográficos, intereses y preferencias.

Recopile los comentarios de los clientes:

Los comentarios de los clientes son invaluablescuando se trata de comprender las necesidades y preferencias de los clientes. La recopilación de comentarios de los clientes a través de encuestas, sondeos y otros métodos puede ayudarlo a comprender mejor a sus clientes y tomar decisiones informadas.

Aproveche la automatización:

La automatización puede ayudarlo a ahorrar tiempo y recursos cuando se trata de administrar los datos de los clientes. Las herramientas de automatización pueden ayudarlo a optimizar la recopilación de datos de clientes, segmentar clientes y automatizar las comunicaciones con los clientes.

Analizar los datos del cliente:

El análisis de los datos de los clientes puede ayudarle a obtener información valiosa sobre el comportamiento y las preferenciasde los clientes . Esto puede ayudarlo a comprender mejor las necesidades de los clientes y desarrollar estrategias para atenderlos mejor.

La gestión de los datos de los clientes es esencial para las pequeñas empresas y las nuevas empresas. Al recopilar, almacenar, organizar, analizar y actualizar los datos de los clientes, las empresas pueden maximizar sus ganancias y mantenerse competitivas.

¡Te deseo Feliz Negocio!

Libere el potencial de su negocio ahora

Esperamos que este libro haya sido un recurso valioso para los propietarios de pequeñas empresas y nuevas empresas que buscan desarrollar sus negocios. Hemos proporcionado una visión global de los diferentes aspectos del desarrollo empresarial, desde la comprensión del mercado y la identificación de oportunidades hasta el desarrollo de un plan de negocios y la gestión de las finanzas. También hemos discutido la importancia de desarrollar un equipo fuerte y crear una cultura de innovación.

¡Le deseamos la mejor de las suertes en su viaje de desarrollo empresarial!

Sinceramente

Sangati Jagan Mohan Reddy

Puedes comunicarte conmigo en

Twitter : @jaganreddyms

Koo : @jmr

www.ingramcontent.com/pod-product-compliance
Lightning Source LLC
Chambersburg PA
CBHW071134220526
45467CB00015B/974